# 为政四要

晓山◎著

坚守为政之道
常修为政之德
明晓为政之理
夯实为政之基

·北京·
国家行政学院出版社
NATIONAL ACADEMY OF GOVERNANCE PRESS

**图书在版编目（CIP）数据**

为政四要 / 晓山著 .—北京：国家行政学院出版社，2023.9

ISBN 978-7-5150-2811-8

Ⅰ. ①为…　Ⅱ. ①晓…　Ⅲ. ①干部教育－中国－学习参考资料　Ⅳ. ①D630.3

中国国家版本馆 CIP 数据核字（2023）第 145771 号

**书　　名**　为政四要
WEI ZHENG SI YAO
**作　　者**　晓　山　著
**责任编辑**　王　莹　马文涛
**出版发行**　国家行政学院出版社
（北京市海淀区长春桥路 6 号　100089）
**综 合 办**　（010）68928887
**发 行 部**　（010）68928866
**经　　销**　新华书店
**印　　刷**　北京盛通印刷股份有限公司
**版　　次**　2023 年 9 月北京第 1 版
**印　　次**　2023 年 9 月北京第 1 次印刷
**开　　本**　170 毫米×240 毫米　16 开
**印　　张**　11.5
**字　　数**　132 千字
**定　　价**　45.00 元

---

# 切实把握好习近平新时代中国特色社会主义思想的世界观和方法论

## ——（代　序）

世界观是指人们对世界的总的根本看法。方法论是指关于认识世界、改造世界的根本方法的学说。概括地说，世界观主要说明世界“是什么”的问题，方法论主要说明“怎么办”的问题。我们做任何事只有在正确的世界观和方法论指引下，才能行有方向、做有实效。马克思主义是中国共产党人的世界观和方法论，习近平新时代中国特色社会主义思想是中国化时代化的马克思主义，是新时代中国共产党人必须坚持的科学的世界观和方法论。习近平总书记指出，全党“要把握好新时代中国特色社会主义思想的世界观和方法论，坚持好、运用好贯穿其中的立场观点方法”。领导干部要担当好新时代使命任务，就必须把握好习近平新时代中国特色社会主义思想的世界观和方法论。

### 一、习近平新时代中国特色社会主义思想是中国化时代化的马克思主义

习近平总书记指出，“中国共产党为什么能，中国特色社会主

义为什么好，归根到底是马克思主义行，是中国化时代化的马克思主义行”。党的十八大以来，我们党在“两个结合”中深化认识“三大规律”、洞彻把握“三个之变”、科学回答“四个之问”，创立了习近平新时代中国特色社会主义思想，实现了马克思主义中国化新的飞跃，开辟了马克思主义中国化时代化新境界，为坚持和发展新时代中国特色社会主义提供了科学世界观和方法论，指引新时代党和国家事业取得历史性成就、发生历史性变革。这一科学世界观和方法论具体体现在“十个明确”“十四个坚持”“十三个方面成就”中。

**（一）“十个明确”从战略层面阐明了新时代中国特色社会主义“是什么”的问题，是指引我们的科学世界观。**“十个明确”从思想上、理论上系统阐释了新时代中国特色社会主义的本质特征、制度优势、指导思想、根本立场、主要矛盾、总体布局、战略布局、目标任务、发展理念、方式路径、根本保障等重大理论问题，描绘了新时代中国特色社会主义的清晰轮廓，全面回答了新时代中国共产党在新征程上举什么旗、走什么路、以什么样的精神状态、朝着什么样的目标继续前进的根本问题，对新时代中国特色社会主义到底“是什么”给出了答案。这“十个明确”，是习近平总书记在坚持马克思主义与发展马克思主义相结合、深刻历史观察与深邃历史思考相结合、实践总结与理论创新相结合过程中，形成的原创性、历史性理论硕果。从认知层面上讲，“十个明确”是坚持和发展新时代中国特色社会主义的总体思维和根本认知，是我们必须遵循的科学世界观。

**（二）“十四个坚持”从策略层面明确了新时代中国特色社会主义“怎么办”的问题，是指引我们的科学方法论。**“十四个坚持”是我们党推进中国特色社会主义伟大事业的总体方略和各项建设、各个领域的具体方略，主要从行动纲领层面，对“十个明确”进行战略部署，对推进新时代中国特色社会主义事业进行政策指导。总体方略从坚持党对一切工作的领导、以人民为中心、全面深化改革 3 个方面，明确了新时代坚持和发展中国特色社会主义的根本保证、根本立场、根本动力；具体方略对经济、政治、法治、文化等各方面建设作出总体部署。总体方略和具体方略之间相互支撑、有机统一，共同组成了新时代中国特色社会主义事业的路线图、任务书。从行动意义上讲，“十四个坚持”是坚持和发展新时代中国特色社会主义的行动指南和具体路径，是我们必须遵循的科学方法论。

**（三）“十三个方面成就”从实践层面检验了新时代中国特色社会主义“好不好”，是科学世界观和方法论的实践成果。**实践与认识的辩证运动，是一个“实践—认识—再实践—再认识”的循环往复过程。“十三个方面成就”，在党史、新中国史、改革开放史、社会主义发展史、中华民族发展史上具有里程碑意义。“十三个方面成就”既是习近平新时代中国特色社会主义思想“十个明确”和“十四个坚持”指导实践的巨大成果，也是对习近平新时代中国特色社会主义思想“十个明确”和“十四个坚持”的实践检验。“十三个方面成就”的总结概括，与“十个明确”“十四个坚持”一同从认识上、行动上、实践上形成了完整的发展链条，三者之间相互贯通、相互支撑、相辅相成，一体构成了习近平新时代中国特色社会主义思想的严密科学体系，是新时代中国共产党人推动高质量发展、推进中国式现代化进程、实现中华民族伟大复兴必须遵循的科学世界观和方法论。

## 二、习近平新时代中国特色社会主义思想是新时代中国共产党的科学世界观和方法论

恩格斯深刻指出："马克思的整个世界观不是教义，而是方法。它提供的不是现成的教条，而是进一步研究的出发点和供这种研究使用的方法。"恩格斯还指出，我们的理论"是一种历史的产物，它在不同的时代具有完全不同的形式，同时具有完全不同的内容"。习近平新时代中国特色社会主义思想作为当代中国马克思主义、二十一世纪马克思主义，是新时代中国共产党科学世界观和科学方法论的有机统一，其科学世界观和方法论集中体现在六个方面。

**（一）人民至上。**我们党是马克思主义政党，人民性是我们党的根本属性。我们党自诞生之日起，就始终坚持人民至上的执政理念和价值追求。习近平总书记强调，"江山就是人民，人民就是江山。中国共产党领导人民打江山、守江山，守的是人民的心"。一百多年来，我们党的一切奋斗、牺牲和创造的根本出发点和落脚点，都是为人民谋幸福。坚持人民至上，是中国共产党的立身之本、执政之基，也是前进路上解决各类问题的一把关键钥匙。党的十八大以来，中国特色社会主义进入新时代，以习近平同志为主要代表的中国共产党人，始终坚持以人民为中心的发展思想，把人民对美好生活的向往作为奋斗目标，站稳人民立场、把握人民愿望、尊重人民创造、集中人民智慧，完成脱贫攻坚、全面建成小康社会的历史任务，实现第一个百年奋斗目标。"人民至上"是贯穿习近平新时代中国特色社会主义思想始终的鲜明主线，是

对马克思主义人民观、群众观的极大丰富和发展，必将继续指引中国共产党人团结带领人民为实现第二个百年奋斗目标和中华民族伟大复兴接续奋斗。

**（二）自信自立。**习近平总书记指出，“中国共产党人的历史自信，既是对奋斗成就的自信，也是对奋斗精神的自信”，“党的百年奋斗成功道路是党领导人民独立自主探索开辟出来的，马克思主义的中国篇章是中国共产党人依靠自身力量实践出来的”，“中国的问题必须从中国基本国情出发，由中国人自己来解答”。一百多年来，中国共产党在马克思主义指导下独立自主探索中国道路，谱写了马克思主义中国化时代化新篇章，开辟了中国特色社会主义伟大道路，彰显了我们党独立自主、自力更生、坚定自信的精神品格。党的十八大以来，以习近平同志为核心的党中央始终坚定中国特色社会主义道路自信、理论自信、制度自信、文化自信不动摇，直面具有许多新的历史特点的伟大斗争，以巨大的政治勇气和政治智慧抓改革、御风险，以顽强的斗争精神和斗争意志迎挑战、应变局，以强大的历史主动精神和历史创造精神育新机、开新局，带领全党全国各族人民坚定不移走稳自己的路，创造了世所罕见、史所罕见的经济发展奇迹和社会长期稳定奇迹。特别是创造性提出“以中国式现代化全面推进中华民族伟大复兴”，正是来源于自信自立的世界观和方法论。

**（三）守正创新。**守正创新是马克思主义实事求是、与时俱进理论精髓和灵魂的体现，是一切理论、一切事业永葆活力、永续发展的根本秘诀。百年征战恰是风华正茂，踔厉奋进贵在守正创新。一百多年来，一代又一代中国共产党人始终坚持守正创新，始终坚守理论之正、思想之正、价值之正、道义之正，坚持走符合规律、符合实际、创新不止的新路。习近平总书记强调，中国特色社会主义还会往前走，还会有很多新的理论、新的发展。而一旦凝固了、僵化了，它就要衰落了。党的十八大以来，我们坚持马克思主义基本原理不动摇，坚持党的全面领导不动摇，坚持中国特色社会主义不动摇，以科学的态度对待科学、以真理的精神追求真理，大力推进理论创新、实践创新、制度创新、文化创新及其他各方面创新，形成一系列开创性成果，充分彰显了实事求是、与时俱进的鲜明理论品质。

**（四）问题导向。**习近平总书记指出，“坚持问题导向是马克思主义的鲜明特点”，“我们党领导人民干革命、搞建设、抓改革，从来都是为了解决中国的现实问题”。一百多年来，问题导向的世界观和方法论，始终贯穿党的革命、建设、改革全部实践。我们党之所以能够始终走在时代前列、引领国家发展、带领人民进步，一个重要原因就在于善于准确把握社会发展进步的历史课题、主要矛盾、现实问题，始终勇于正视问题、探究矛盾、破解难题。党的十八大以来，以习近平同志为核心的党中央始终坚持问题导向的世界观和方法论，聚焦实践遇到的新问题、改革发展稳定存在的深层次问题、人民群众的急难愁盼问题、国际变局中的重大问题、党的建设面临的突出问题，把解决实际问题作为打开工作局面的突破口，攻克了许多长期没有解决的难题，办成了许多事关长远的大事要事，在分析问题、解决问题中不断回答中国之问、世界之问、人民之问、时代之问，推动党和国家事业取得举世瞩目的重大成就。

**（五）系统观念。**习近平总书记指出，“只有用普遍联系的、全面系统的、发展变化的观点观察事物，才能把握事物发展规律”，“坚持唯物辩证法，就要从客观事物的内在联系去把握事物，去认识问题、处理问题”。系统观念是唯物辩证法的重要内容。从新民主主义时期提出“三大纲领”，到社会主义建设时期的《论十大关系》，再到改革开放时期“一个中心两个基本点”基本路线的制定，以及新时代“五位一体”总体布局、“四个全面”战略布局的构建，都充分体现了系统思维、系统观念。党的十八大以来，以习近平同志为核心的党中央熟练运用马克思主义哲学的系统观念，把其作为基础性的思想和工作方法，统筹“两个大局”，系统部署“两步走”战略安排，系统谋划“五位一体”总体布局、“四个全面”战略布局，系统提出中国式现代化道路等，确保党和国家各项事业有条不紊、破浪前行。

**（六）胸怀天下。**习近平总书记指出，“马克思主义博大精深，归根到底就是一句话，为人类求解放”，“中国共产党始终把为人类作出新的更大贡献作为自己的使命”。从成立之日起，中国共产党就把党和人民的事业看作人类进步事业的重要组成部分，以马克思主义的坚定信仰信念、深邃的历史视野和远大目光、宽广胸怀，从国际大局和国内大局相互联系的高度审视中国和世界的发展，在世界发展潮流中谋划和推动中国革命、建设、改革事业，始终牢牢掌握历史主动，深刻改变了世界发展的趋势和格局。党的十八大以来，以习近平同志为核心的党中央深刻洞察人类命运前途和世界发展大势，敏锐把握中国与世界关系的历史性变化，始终致力于追求全人类共同利益，实现各国人民共同福祉，建设更加美好的世界，弘扬和平、发展、公平、正义、民主、自由的全人类共同价值，鲜明提出了“构建人类命运共同体”的重大倡议，创造性地回答了“世界怎么了、我们怎么办”这一重大问题，为人类发展指明了方向。"构建人类命运共同体"作为习近平新时代中国特色社会主义思想的重要组成部分，体现了中国将自身发展同世界共同发展相统一的全球视野、世界胸怀和大国担当，具有强大的理论吸引力、思想感召力和实践生命力，也充分展现了习近平总书记作为大国领袖的博大胸襟、境界和追求。

## 三、领导干部必须坚持好运用好贯穿习近平新时代中国特色社会主义思想的世界观和方法论

新时代领导干部，掌握并运用科学的世界观和方法论，必须在学懂弄通做实习近平新时代中国特色社会主义思想上下功夫，坚持不懈读原文、学原著、悟原理，把对《习近平谈治国理政》一、二、三、四卷的学习贯通起来，把学习理论、领悟理论、运用理论贯通起来，努力掌握蕴含其中的马克思主义立场观点方法、道理学理哲理，在学思践悟中提高理论水平、提升思想认知、增强能力本领、升华境界格局。

**（一）必须坚持人民至上，始终站稳立场、为民服务。**中国共产党人是人民的公仆，来自人民、为了人民。坚持人民至上的世界观和方法论，就是要尊重人民群众的历史主体地位，立党为公、执政为民，全心全意为人民服务。要热爱人民，感情真挚对群众，满怀深情为人民，时刻把群众的安危冷暖挂在心上，永远把人民对美好生活的向往作为奋斗目标。要为民服务，始终把人民放在心中最高位置、认真践行党的群众路线，同人民干在一起、想在一起，扎实做好事关群众切身利益的每项工作。要为民用权，正确对待群众、正确对待组织、正确对待自己，坚持一切权力属

于人民，一切权力服务于人民，切实解决好为谁掌权用权的问题，不辱使命、不负重托。

**（二）必须坚持自信自立，始终坚信真理、勇于斗争。**人无精神不立，国无精神不强，党无精神不兴。坚持自信自立的世界观和方法论，就是要传承红色基因、赓续红色血脉，坚定理想信念，敢于担当和斗争。要铸牢信仰，真学真懂真信真用党的创新理论，自觉接受马克思主义哲学智慧的滋养，弄清楚中国共产党为什么“能”、马克思主义为什么“行”、中国特色社会主义为什么“好”等基本道理，坚守共产党人的精神家园。要强化信念，始终保持对理想信念的激情、执着和坚定，把对党忠诚、为党分忧、为党尽责、为民造福内化于心、外化于行。要坚定信心，坚定道路自信、理论自信、制度自信、文化自信，增强斗争精神、提高斗争本领，永远为真理而斗争，永远为理想而奋斗。

**（三）必须坚持守正创新，始终实事求是、与时俱进。**唯一不变的是变化。“苟日新，日日新，又日新。”坚持守正创新的世界观和方法论，就是要看清大局大势、紧跟时代步伐、准确预测未来，坚守正道，勇于创新。要守社会主义之“正”、创中国特色之“新”，坚持马克思主义基本原理、坚持党的全面领导、坚持中国特色社会主义不动摇，始终坚持正确前进方向，决不走封闭僵化的老路，决不走改旗易帜的邪路，始终在思想上政治上行动上与党中央保持高度一致。要守客观规律之“正”、创事业发展之“新”，严格按照客观规律办事，善于从实际出发去掌握事物发展总体情势，认清历史趋势、深研当前形势、了解民意态势，牢牢把握工作主动权，使工作真正符合人民群众期待，把事业不断推向前进。

**（四）必须坚持问题导向，始终直面矛盾、攻坚克难。**习近平总书记指出，“只有立足于时代去解决特定的时代问题，才能推动这个时代的社会进步”。坚持问题导向的世界观和方法论，就是要养成强烈的问题意识，把问题作为工作的突破口，瞄着问题去、追着问题走、扭住问题做。要敢于正视问题，保持高度负责的态度和敢于斗争、善于斗争的精神，增强刀刃向内的勇气，遇到问题，绝不能绕着走、“当鸵鸟”、“踢皮球”。要善于分析问题，坚持具体问题具体分析，加强调查研究，透过现象看本质，去粗取精、去伪存真、由表及里，找到解题答案。要积极解决问题，有什么问题就解决什么问题，什么问题突出就重点解决什么问题，决不敷衍了事、上交矛盾，决不将“小事拖大、大事拖炸”。

**（五）必须坚持系统观念，始终站位全局、统筹各方。**世界上不存在孤立的事物，普遍联系是绝对的。坚持系统观念的世界观和方法论，就是要学会坚持发展地而不是静止地、全面地而不是片面地、联系地而不是孤立地认识处理问题。要强化全局观念，坚持从大局看问题，把准全局和局部的关系，自觉把工作放到大局中去思考、定位、摆布，决不以局部利益损害大局利益。要注重统筹兼顾，加强对工作通盘筹谋，善于抓住牵动全局的主要工作着力推进，在重点突破中推动工作协调发展，同时善于十个指头弹钢琴，注重兼顾各方，提高工作的整体性、全面性、协同性。要坚持发展眼光，全面掌握工作动态，敏于知变，积极应变，增强工作的预见性、主动性、创造性，绝不能一成不变、封闭僵化。

**（六）必须坚持胸怀天下，始终心系民族、放眼世界。**“大道之行，天下为公。”中国共产党人既要为中国人民谋幸福、为中华民族谋复兴，也要为人类谋进步、为世界谋大同。坚持胸怀天下的世界观和方法论，就是要增强推动世界和平发展、促进人类共同进步的坚定信念。要树立天下为公的格局境界，拥有“计利当计天下利，求名应求万世名”的崇高追求，自觉把“小我”融入党和人民事业的“大我”，“先天下之忧而忧，后天下之乐而乐”，永远做人民公仆、时代先锋、民族脊梁。要培养天下一家的宏大眼光，拥有全球化的视野和海纳百川的宽阔胸襟，善于立足中国看世界、站位全球看中国，善于深刻洞察人类发展进步潮流，善于吸收借鉴一切人类文明优秀成果，为推进新时代中国特色社会主义伟大事业服务。

# 目　录

# 坚守为政之道

# 新时代赶考路上必须忠实践行“三个务必”

习近平总书记在党的二十大报告中指出，“全党同志务必不忘初心、牢记使命，务必谦虚谨慎、艰苦奋斗，务必敢于斗争、善于斗争，坚定历史自信，增强历史主动，谱写新时代中国特色社会主义更加绚丽的华章”。新的赶考路上，广大党员干部特别是领导干部必须深刻把握“三个务必”重大意义，理解掌握“三个务必”深刻内涵，忠实践行“三个务必”提高“应考”能力，努力交出无愧时代、人民满意的优异答卷。

## 提出“三个务必”的重大意义

70 多年前，中国共产党人怀揣着“两个务必”，从西柏坡出发“进京赶考”，实现了夺取全国胜利的历史任务。如今，党中央审时度势、高瞻远瞩，向全党同志发出了“三个务必”的重要要求。从“两个务必”升华为“三个务必”，是习近平总书记立足党情、国情、世情深刻变化，向全党发出的政治动员，具有强大的时空穿透性、现实启发性和实践指向性，是中国共产党人奋斗新时代、奋进新征程的重要遵循，意义重大、影响深远。

是赓续精神血脉的必然要求。习近平总书记指出："要教育引导全党大力发扬红色传统、传承红色基因，赓续共产党人精神血脉，始终保持革命者的大无畏奋斗精神，鼓起迈进新征程、奋进新时代的精气神。"党的百年奋斗历经苦难辉煌，开辟了伟大道路，建立了伟大功业，创造形成了永不过时的精神血脉。这些宝贵精神财富，贯穿于改天换地的壮阔征程，熔铸于惊天动地的英雄伟业，凝聚起战天斗地的磅礴力量，蕴含着坚定理想信念、坚守初心使命的赤子之心，蕴含着自力更生、艰苦奋斗的优良作风，蕴含着不畏强敌、不惧风险、敢于斗争的风骨品质，是我们党"从哪里来"的精神密码、"向哪里去"的精神航标。在全面总结运用党的百年奋斗历史经验的关键时刻，习近平总书记以强烈的历史主动提出"三个务必"，就是让全党从百年党史中汲取经验，发扬将革命进行到底的精神，走得再远也不能忘记为什么出发，取得再大的成功也不能骄傲自满，无论遇到什么样的考验也不能忘了自己是革命者，始终用党的光荣传统鼓荡起迈进新征程、奋进新时代的精神风帆。

是应对世界百年变局的现实需要。习近平总书记指出："我们现在所处的是一个船到中流浪更急、人到半山路更陡的时候，是一个愈进愈难、愈进愈险而又不进则退、非进不可的时候。"当前，世界百年未有之大变局加速演进，世界进入新的动荡变革期，我国发展进入战略机遇和风险挑战并存、不确定难预料因素增多的时期。在前进道路上，我们面临的风险考验只会越来越复杂，甚至会遇到难以想象的惊涛骇浪，任何贪图享受、消极懈怠、回避矛盾的思想和行为都是错误的，总想过太平日子、不想斗争是不切实际的。在“两个大局”历史性交织、两个百年奋斗目标历史性交汇的关键时点，习近平总书记以深沉的忧患意识提出“三个务必”，就是要警醒全党始终保持“时时放心不下”的责任感，居安思危、未雨绸缪，把握战略机遇、战胜风险挑战，在危机中育先机、于变局中开新局。

是担当时代使命的关键举措。习近平总书记指出，“从现在起，中国共产党的中心任务就是团结带领全国各族人民全面建成社会主义现代化强国、实现第二个百年奋斗目标，以中国式现代化全面推进中华民族伟大复兴”。虽然我们已经全面建成小康社会，开启全面建成社会主义现代化强国新征程，但我国发展的不平衡不充分还制约着人民日益增长的美好生活需要。要着力解决社会主要矛盾和人民群众急难愁盼问题，实现国家现代化，实现全体人民共同富裕，仍需每一位党员干部特别是领导干部付出更为艰巨、更为艰苦的努力。在全面建设社会主义现代化国家开局起步的关键时期，习近平总书记以强烈的责任担当提出“三个务必”，就是要告诫全党越是形势大好越要始终清醒，越是接近目标越需保持韧劲，决不能在一片喝彩声、赞扬声中迷失自我，始终以赤子之心、奋斗之情、斗争之志走好新的赶考之路。

是实现长期执政的迫切需要。我们党作为百年大党，如何永葆先进性和纯洁性、永葆青春活力，如何实现长期执政，跳出历史周期率，是必须回答好、解决好的一个根本性问题。70 多年前，毛泽东同志在延安的窑洞里给出了“人民监督”这个跳出历史周期率的第一个答案。党的十八大以来，以习近平同志为核心的党中央以“十年磨一剑”的定力推进全面从严治党，成功找到了自我革命这一跳出治乱兴衰历史周期率的第二个答案。但与此同时，党内一些深层次问题尚未根本解决，一些老问题反弹回潮的可能性依然存在，稍有松懈就会死灰复燃，并且新的问题还在不断出现，决不能有松劲歇脚、疲劳厌战的情绪。在腐败与反腐败仍在激烈较量、全面从严治党越往后越严的关键阶段，习近平总书记以坚定的政治清醒提出“三个务必”，就是要警示全党必须时刻警惕党长期面临的“四大考验”“四种危险”，时刻保持解决大党独有难题的清醒和坚定，努力将“三个务必”内化为自我革命的内在动力，确保党不变质、不变色、不变味，永远立于不败之地。

## 深刻理解“三个务必”的深刻内涵

“三个务必”是以习近平同志为核心的党中央在科学把握时代发展大势、科学把握新征程使命任务的基础上作出的战略性判断，是一个具有内在逻辑联系的整体，环环相扣、相互联系、相得益彰，蕴含的是中国共产党立志千秋伟业的使命担当、忧患意识和斗争精神。

务必不忘初心、牢记使命，体现的是坚定人民立场、永葆出发之志的政治担当。习近平总书记指出：“中国共产党是为中国人民谋幸福的政党，也是为人类进步事业而奋斗的政党。”中国共产党自成立起，就将初心使命贯穿革命、建设和改革各个时期的全部奋斗纲领和奋斗事业，肩负起引领中华民族走向伟大复兴的历史使命，同人民风雨同舟、患难与共，团结带领全国各族人民逐步实现民族独立、人民解放、国家富强和人民幸福。党的十八大以来，以习近平同志为核心的党中央坚持把初心使命作为崇高责任担当，提出中国共产党的初心和使命就是为中国人民谋幸福、为中华民族谋复兴的重大论断，将初心使命落实到新时代坚持和发展中国特色社会主义实践行动中，赢得亿万民心，凝聚起无坚不摧的磅礴力量，取得了彪炳史册的新成就。回顾历史，我们党之所以能够经受一次次挫折而又一次次奋起，归根到底是因为我们党有远大理想和崇高追求，始终坚守初心使命。党的二十大明确了新时代新征程中国共产党的使命任务，但面对新征程上的风险挑战，面对人民群众的急难愁盼问题和对高品质生活的期待，我们更加需要把初心使命作为一以贯之的政治信念和价值追求，在赓续中创新，在延展中升华，坚持以人民为中心的发展思想，与人民同呼吸、共命运、心连心，把 14 亿多中国人民凝聚成推动中华民族伟大复兴的磅礴力量。

务必谦虚谨慎、艰苦奋斗，体现的是保持戒骄戒躁、持续转变作风的清醒和坚定。习近平总书记指出，作风问题关系党的生死存亡。“因胜而骄，因骄而衰，由衰而败”是历代政权更替的一条普遍规律，毛泽东同志预见到革命胜利后，党内很可能出现骄傲、自满、懈怠、享乐等种种不良情绪，提出了“两个务必”。70 多年来，中国共产党人始终牢记这一振聋发聩的历史强音，团结带领全国人民战胜了前进道路上的各种风险挑战，赢得了人民衷心拥护、全党高度团结统一，取得了举世瞩目的伟大成就。党的十八大以来，习近平总书记坚持和发扬“两个务必”，持之以恒全面从严治党，持续营造艰苦奋斗、风清气正良好社会风尚，以赶考的清醒和坚定答好新时代的考卷，完成了第一个百年奋斗目标，取得了让世界惊叹的“中国奇迹”，推动我国迈上全面建设社会主义现代化国家新征程。成绩在前不骄傲自满，曙光已现不盲目乐观，这是中国共产党的政治智慧，也是百年历程的深刻昭示。党的二十大谋划了兴党强国的新部署，发出了奋勇走好新赶考之路的时代号召。与70多年前相比，同样处于重大历史转折关头，同样在举世瞩目成绩面前容易骄傲，同样面对新的机遇和挑战，这要求我们更应当增强忧患意识，弘扬谦虚谨慎、艰苦奋斗优良传统，深入推进新时代党的建设新的伟大工程，以党的自我革命引领社会革命，永葆党的旺盛生命力和强大战斗力，使党在复兴伟业历史进程中始终成为坚强领导核心，确保江山永固、国运永昌，成就千秋伟业。

务必敢于斗争、善于斗争，体现的是敢于直面矛盾、勇于主动迎战的昂扬姿态。习近平总书记指出："中国共产党是敢于斗争、敢于胜利的伟大政党"。敢于斗争是我们党的鲜明品格，中国共产党自成立起，一代代共产党人将马克思的革命理论与中国实际相结合，形成了丰富的斗争理论和策略，为了人民、国家和民族，无论敌人如何强大、道路如何艰险、挑战如何严峻，都以强烈担当团结带领全国各族人民进行了伟大斗争，攻克一个又一个看似不可攻破的难关，从一个胜利走向另一个胜利。党的十八大以来，以习近平同志为核心的党中央面对世所罕见、史所罕见的严峻复杂形势，领导全党全军全国各族人民坚定信心、迎难而上，稳经济、促发展，战贫困、建小康，控疫情、抗大灾，应变局、化危机，依靠顽强斗争打开事业发展新天地。我们党依靠斗争创造历史，更要依靠斗争赢得未来。党的二十大擘画了以中国式现代化全面推进中华民族伟大复兴的宏伟蓝图，我们比历史上任何时期都更接近、更有信心和能力实现伟大复兴目标，但世界百年未有之大变局加速演进，世界之变、时代之变、历史之变特征更加明显，我们面临的风险考验会越来越复杂，甚至会遇到难以想象的惊涛骇浪。实践告诉我们，唯有继承和发扬斗争精神，加强斗争精神和斗争本领养成，涵养斗争的志气、骨气、底气，不信邪、不怕鬼、不怕压，在重大风险、强大对手面前，知难而进、迎难而上，主动迎战、坚决斗争才有生路出路，才能战胜前进道路上的各种困难和挑战。

## 领导干部要在新时代赶考路上忠实践行“三个务必”

“时代是出卷人，我们是答卷人，人民是阅卷人。”以什么样的精神状态和工作作风来完成新任务、实现新目标、谋求新发展，是摆在每一位领导干部面前的重要“考题”。新时代赶考路上，领导干部必须全面贯彻落实党的二十大精神，忠实践行“三个务必”，肩负起光荣历史使命，切实走好新时代新征程赶考之路。

忠实践行“三个务必”，必须始终坚守坚如磐石、稳如泰山的政治定力。政治定力是党员干部对党忠诚的“定盘星”。担当复兴大任，忠实践行“三个务必”，领导干部必须保持深厚的政治定力，坚定理想信念，坚定政治立场，驾驭复杂局面，不断把工作推向前进。要把准政治方向，带头领会把握习近平新时代中国特色社会主义思想世界观和方法论，时刻关注党中央关心什么、强调什么，不折不扣贯彻落实党中央决策部署，经常对标对表，及时校准偏差，坚决纠正偏离和违背党的政治方向的行为。要明辨大是大非，铸牢理想信念、坚定“四个自信”，廓清思想迷雾，澄清模糊认识，提高政治判断力、政治领悟力、政治执行力，在重大政治原则和大是大非问题上毫不含糊、毫不动摇。要保持耐心韧劲，坚持自力更生、艰苦奋斗，注重审时度势、趋利避害，集中精力做好自己的事，始终牢牢把握工作主动权，做到“任凭风浪起，稳坐钓鱼船”。

忠实践行“三个务必”，必须培塑登高望远、放眼世界的战略眼光。战略上判断得准确、战略上谋划得科学，战略上赢得主动，中华民族复兴伟业就大有希望。领导干部主管一方、分管一域，忠实践行“三个务必”，必须站在政治和全局的高度，增强“识势”之明、提高“布局”之能、掌握“干事”之道。要善观大势，既要用好历史的“长镜头”，善于运用历史眼光和发展眼光，把正在做的事放到历史长河中去观察、来谋划；也要用好世界的“广镜头”，立起全球视野，跟踪把握世情国情党情最新变化，瞄准世界潮流新方位，抓住重要战略机遇期，总结经验规律，把握发展脉络，坚定前进方向。要善谋大局，时刻胸怀“两个大局”、心怀“国之大者”，始终把全局作为观察和处理问题的出发点和落脚点，自觉把分管工作放在复兴伟业大局中来思考，把具体问题提到党和人民事业高度来把握，把当前任务放在新征程链条中来运筹。要善抓大事，聚焦现代化事业面临的重大风险挑战、重大困难考验、重大矛盾问题，把主要精力放在抓战略问题、全局指导、宏观决策上，善于从根本的、关键的、主要的环节着手，以重点突破带动整体跃升。

忠实践行“三个务必”，必须练就堪当大任、能挑重担的执政本领。事业要发展、难关要攻克、风险要防范，必然要求领导干部在干事创业上有“几把刷子”才行。担当新时代新征程中国共产党的使命任务，忠实践行“三个务必”，要求领导干部既要政治过硬，也要本领高强。要练就推动高质量发展本领，完整准确全面贯彻新发展理念，深入研究经济社会领域的重大问题，聚焦建设现代化产业体系、全面推进乡村振兴、促进区域协调发展、推进高水平对外开放、推动共同富裕等重大课题深入调查研究、找准措施对策，在更高平台、更深层次、更宽领域推动高质量发展。要练就服务群众本领，始终把为民造福作为最大政绩，走好新时代群众路线，持续深化“我为群众办实事”实践活动，采取更多惠民生、暖民心举措，用心用情用力解决好人民群众的急难愁盼问题，努力实现好、维护好、发展好最广大人民的根本利益。要练就防范化解风险本领，提高统筹发展和安全的能力，加强斗争精神和斗争本领养成，增强防风险、迎挑战、抗打压能力，做到平常时候看得出来、关键时刻站得出来、危难关头豁得出来。

忠实践行“三个务必”，必须永葆刀刃向内、自省自砺的决心和勇气。党的先进性和纯洁性要靠千千万万党员的先进性和纯洁性来体现。领导干部作为管党治党的“关键少数”，忠实践行“三个务必”，必须永葆刀刃向内、自省自砺的决心和勇气，以自身正、自身净、自身硬引领和保障党的先进性和纯洁性。要担责负责，坚决扛起管党治党政治责任，深入落实新时代党的建设总要求，强化全面从严治党永远在路上的清醒坚定，坚定不移推进自我革命，永葆党的各级组织的先进性和纯洁性。要知重负重，弘扬谦虚谨慎、艰苦奋斗的优良作风，大力发扬孺子牛、拓荒牛、老黄牛精神，坚决防止承平日久、精神懈怠的心态，保持慎终如始、朝乾夕惕的状态，永葆攻坚克难、奋斗到底的姿态。要慎独慎微，牢记“当官就不要发财，发财就不要当官”，常怀敬畏之心、常惧法纪之威，系牢遵纪守法的“安全带”，公正用权、依法用权、为民用权、廉洁用权，始终做到不放纵、不越轨、不逾矩。

# 当领导干部要有正确的事业观

古话说："所营谓之事，事成谓之业。"事业承载着人们的理想信念与价值追求，在现实生活中是实现自我价值和社会价值的重要平台。事业观是人们对事业的根本看法和对工作的根本态度，是履行工作职责、实现自己理想的行为规范，决定着人们采取什么样的事业态度、遵循什么样的事业精神、追求什么样的事业目标。一个领导干部有什么样的事业观，不仅决定着他如何对待自己所从事的工作，还关系着党的事业和人民群众的切身利益。习近平总书记指出，我们中国共产党人的事业观，就是为人民利益不懈奋斗，为中国特色社会主义事业不懈奋斗。领导干部只有树立正确事业观，才能为党和人民建功立业，为推进伟大事业作出应有贡献。

## 干事是领导干部的天职

天职是指应当承担的责任。古人认为四时变化，百物生长，是天的职能，因此称为天职。北宋政治家司马光在《修辞起居注第四状》中写道："然则官无巨细，皆分理天职，王者犹不敢私非其人，况人臣而敢叨居其位乎？"说的就是为官干事是"天授予的职分"。干部干部，干字当头，任何时候都要以干事为天职。

干事是本分，不干是失职。干活干事，是领导干部的职责所在，是人民群众的期待，也是检验合格领导干部最直观的标尺。离开干事，干部就失去了存在的理由。"居官者，须精励敏捷以勤政；碌碌无能者，草木同朽。"领导干部既然选择了从政，就要心系万家灯火、情牵百姓忧乐。古代有位官员说："以苟活为羞，以避事为耻。"说的就是干部理应干事，对为官不为、为官避事感到羞耻。习近平总书记强调，"不能只想当官不想干事，只想揽权不想担责，只想出彩不想出力"。若身在岗位不作为，拿着工资不干事，庸政懒政怠政，整天无所事事、庸碌无为，这是一种腐败。这样的领导干部既愧对那份工资，愧对那份责任，更愧对党和人民。

干部干部，先干一步。毛泽东同志说过："政治路线确定之后，干部就是决定的因素。"邓小平同志指出："世界上的事情都是干出来的，不干，半点马克思主义都没有。"习近平总书记反复强调："空谈误国，实干兴邦。"空谈出不了成绩，坐等出不了成绩，唯有实干才能出彩。说一千道一万，不如干部带头干。领导干部需要牢记职责本分，把干事当作一种忠诚担当、一种崇高责任、一种价值取向、一种人生追求，振奋精神、鼓足干劲、苦干实干。要自觉坚持"干"字当先，牢记肩上重任和人民重托，带头把思想集中到干事创业上，把精力凝聚到谋事做事上，把功夫施展到狠抓落实上，把思路厘清，把方向定准，把措施定实，自觉做到忠实、踏实、扎实、务实。

干在实处，走在前列。“道虽迩，不行不至；事虽小，不为不成。”喊破嗓子不如甩开膀子。干在实处永无止境。领导干部要不断强化等不起的紧迫感、慢不得的危机感、坐不住的责任感，永远保持逢山开路、遇水架桥的精神，永远保持抓铁有痕、踏石留印的劲头，永远保持求真务实、勤恳奋斗的作风，不拖沓、不等待、不观望、不折腾，撸起袖子加油干，真干实干积极干。“将军奋勇，三军用命。”走在前列要谋新篇。领导干部要坚持“干必一流”的做事追求，始终立足岗位高标准抓好落实，既敢为天下先、大胆闯大胆试，又发扬“工匠精神”，在持之以恒、严肃严格严谨上下功夫，做到干一行爱一行、钻一行精一行，不仅要想干事、肯干事、敢干事，还要会干事、能干事、干成事、不出事，真正把工作做到精致细致极致、做成样板、争创一流。

## 立志做大事，不要立志做大官

“志不立，天下无可成之事。”立志是一切开始的前提。习近平总书记强调，党员干部“要立志做大事，不要立志做大官”。立志做大事者，默默奉献、埋头苦干，做了大事还想做更大的事，不断创造卓越业绩；而立志做大官者，权力观扭曲、“官本位”思想作祟，在职务和名利上欲壑难填，做了大官还想做更大的官，最终将误入歧途、坠入深渊。立志的方向对了，路才不会走偏。一个领导干部要想有所成就，就要立志做大事，无论职位高低，都始终把做有益于党、有益于国家、有益于人民的大事作为人生追求。

“立志而圣则圣矣，立志而贤则贤矣。”志如舟之舵，如果没有志的统领，天下万事便无所成就。73 岁的邓小平同志第三次复出时说：“我出来工作，可以有两种态度，一个是做官，一个是做点工作。我想，谁叫我当共产党员呢。既然当了，就不能够做官，不能够有私心杂念，不能够有别的选择。”充分展现了他作为一名共产党人、一名党的领导干部的精神境界和人生追求。立志做大事，哪怕权力不大、职务不高，但只要将事做到极致，那也是一件大事。职务有高低，而踏实为人民做事的心没有局限。群众事，无小事。把为人民服务当作最大的事，将“小我”融入“大我”之中，才是真正的立志做大事。领导干部无论在什么位置，无论做什么工作，都是在为党工作、为人民服务。那些立志做大官的人，整日热衷于投机钻营、搞“自我设计”，往往行不正、走不长，甚至常常走到违法犯罪的歧途，还何谈为人民服务、何谈做大事？

做大事无问西东，岁月自成芳华。毛泽东同志从小就有“天下兴亡，匹夫有责”的远大志向，周恩来同志从小就立志“为中华之崛起而读书”，他们都在正确志向指引下实现了社会价值与个人价值的有机统一。立志做大事者，胸怀天下苍生、黎民百姓，能“先天下之忧而忧，后天下之乐而乐”，能始终保持平和心态，看淡个人得失进退，把做事留给自己、把升迁交给组织考虑，从好事着手、从实事做起，以钉钉子精神，一茬接着一茬干，既做人民群众看得见、摸得着的显绩，也做打基础、利长远的潜绩，把好事办好、把实事办实，为官一任，造福一方。最终，立志做大事者，付出了真心、收获了民心、实现了价值，成为党和人民事业需要的人才，反而能担当起更大的重任，“当了大官”，这不过是立志做大事的“附属品”和“自然结果”。

## 人民对美好生活的向往，就是我们的奋斗目标

民为邦本，本固邦宁。一个政党、一个政权，其前途和命运最终取决于民心向背。习近平总书记指出，“中国共产党是为中国人民谋幸福的政党”，“中国特色社会主义进入新时代，我国社会主要矛盾已经转化为人民日益增长的美好生活需要和不平衡不充分的发展之间的矛盾”。民思我想，民困我帮，民需我做，民求我应。领导干部作为人民公仆，一切工作都必须以实现好、维护好、发展好最广大人民根本利益为目标，不断满足人民的美好生活新期待。

初心不改、执政为民，是共产党人一贯的事业追求。习近平总书记强调：“为人民谋幸福，是中国共产党人的初心。我们要时刻不忘这个初心，永远把人民对美好生活的向往作为奋斗目标。”红军长征途中路过湖南省汝城县沙洲村，3 名女红军借宿在村民徐解秀家中。临走时，她们把自己仅有的一条被子剪下一半给徐家留下。徐解秀说，什么是共产党？共产党就是自己只有一条被子，也要剪下来半条留给老百姓的人。一滴水可以折射出太阳的光辉，半条被子可以彰显出共产党人的本色。在革命、建设、改革的各个历史时期，我们党都始终把人民放在心中最高位置，始终坚持全心全意为人民服务。中国共产党的奋斗史，就是一部全心全意为人民服务的历史。中国特色社会主义进入新时代，面对人民对美好生活的向往，领导干部应时刻牢记自己的第一职责是为党工作，任何时候都把党的事业和人民利益放在第一位，为实现人民对美好生活的向往而奋斗，做到平常时候看得出、关键时

刻豁得出、危急关头顶得上。

不忘初心、继续前进，把为人民服务作为永远奋进的事业。天地之间，莫贵于民；悠悠万事，唯民为大。习近平总书记指出：“我们讲宗旨，讲了很多话，但说到底还是为人民服务这句话。”归根结底，我们党所做的一切工作，都是为了让人民群众过上好日子。领导干部应始终坚持一切为了人民、为了人民的一切，努力增强“民不富足，食不甘味；民不安乐，寝不安枕”的责任感，多谋民生之利、多解民生之忧，心中常思百姓疾苦、脑中常谋富民之策，淡化“官念”、拒绝特权，“利民之事，丝发必兴；厉民之事，毫末必去”，做到“民之所忧，我之所思；民之所思，我之所行”，永远保持对人民的赤子之心，努力为人民创造更美好、更幸福的生活。

## 把工作当事业，把事业当追求

每个人都需要工作，这是生存和发展的需要。但是把工作当作职业、当养家糊口的工具和把工作当快乐、当事业、当追求，两种选择的结果会大不一样。把工作上升为事业、把事业上升为追求，是一种人生境界，是实现远大理想的必经之路。习近平总书记强调，领导干部要把党交付的工作当作一项事业去追求，而不是当作一个职业、一个饭碗。领导干部从事的是公共事务，完成的是党和人民交给的任务，必须把工作当成全身心投入的事业，把事业当成毕生的追求。

以什么样的态度对待工作，就会有什么样的工作行为和工作成效。苏联作家奥斯特洛夫斯基曾有一句名言：“只为家庭活着，这是禽兽的私心；只为一个人活着，这是卑鄙；只为自己活着，这是耻辱。”领导干部如果仅仅把工作视为生存的手段，纯粹以完成任务、拿工资为目的，只求过得去、不求过得硬，只求无过、不求有功，“做一天和尚撞一天钟”，没有远大目标、没有长远打算，胸无大志、安于现状，这样的态度和状态只会蹉跎了岁月、辜负了党和人民、浪费了自己的生命。只有从追求国家富强、民族振兴、人民幸福的高度来对待工作、看待事业，始终保持饱满的热情和强烈的责任感、使命感，对工作和事业怀有敬仰之情、神圣之感，不去计较得失进退，尽职尽责、尽心尽力，善始善终、善作善成，才能在工作中练就本领、展示优秀、实现价值。

从业者不如敬业者，敬业者不如乐业者。从政贵有高境界，共产党的领导干部对待工作更要有高境界。要安业。诗人臧克家在一首诗中写道：“块块荒田水和泥，深耕细作走东西。老牛亦解韶光贵，不待扬鞭自奋蹄。”领导干部应像老黄牛一样躬耕不倦，像拓荒牛一样进取不息，像孺子牛一样奉献不止，守得住清贫、耐得住寂寞，沉下心来，甘愿为工作吃苦、为事业吃苦、为百姓吃苦。要敬业。《诗经》有言：“如切如磋，如琢如磨。”反映的就是古代工匠打磨、切磋玉器时的精益求精、反复琢磨、爱岗敬业的认真态度。领导干部不管在哪个岗位，都要尊重事业、忠于事业、执着于事业，大力弘扬工匠精神，始终高标准、严要求，做到严谨认真、精益求精、追求卓越。要乐业。对领导干部而言，不是因为爱好而从事某方面工作，而是因为从事某方面工作就必须爱好它、以它为乐。必须永葆对事业的满腔热情，热爱它、追求它，在担当作为中收获快乐，在为人民服务中实现价值。

# 当领导干部要有志气骨气底气

习近平总书记在庆祝中国共产党成立100周年大会上指出：“新时代的中国青年要以实现中华民族伟大复兴为己任，增强做中国人的志气、骨气、底气，不负时代，不负韶华，不负党和人民的殷切希望!”这不仅是对广大青年的寄语，也是对广大党员的期望，更是对领导干部的嘱托。领导干部肩负历史重任，是推动实现中华民族伟大复兴的建设者，更需要不断增强志气、骨气、底气，胸怀“两个大局”，心怀“国之大者”，在新征程上不断鞭策、激励、警醒自己，在建设中国特色社会主义伟大事业过程中敢为人先、主动担当、勇毅前行。

## 志气是事业成败的关键，领导干部要有“敢教日月换新天”的凌云壮志

《论语》有言：“三军可夺帅也，匹夫不可夺志也。”志气是指心志气力，也就是积极上进或做成某事的志向。志气涵养着理想，志气塑造着人生，志气是支撑一个人克服困难与挫折、进而奔向

成功的重要精神力量。领导干部有志气主要表现在有远大理想和坚定信念，以及为之不懈奋斗的决心和勇气。

志存高远，方能行稳致远；胸无大志，必定一事无成。毛泽东同志从青少年时代就树立了“改造中国与世界”的宏大志向，最终带领中国人民取得了新民主主义革命的伟大胜利、社会主义革命和建设的伟大成就，深刻影响了中国人民和中华民族的前途命运和世界发展的趋势格局；少年时的周恩来斩钉截铁地说出“为中华之崛起而读书”，而后历经磨难仍矢志不渝，为党为国“鞠躬尽瘁、死而后已”，青史留名；习近平总书记曾深情回忆：“我当年到了正定，看到老百姓生活比较贫困、经济社会发展水平比较落后的情形，心里很着急，的确有一股激情、一种志向，想尽快改变这种面貌。”一个有志气的人，往往有明确的奋斗目标，有坚定不移的意志，越是在艰难困苦、经受挫折的条件下，越是能表现出超乎常人的坚韧与勇气、充满干事创业的激情和热情；一个没有志气的人，就会得过且过、迷茫彷徨，任何一点困难和挫折就会把他击垮。习近平总书记曾引用“志之所趋，无远勿届，穷山距海，不能限也。志之所向，无坚不入，锐兵精甲，不能御也”，向领导干部深刻诠释了立身要有志气、做人要有志向的道理。当前，个别领导干部胸无大志，整天浑浑噩噩，工作不在状态；个别领导干部只想着个人升官发财的“小志气”，忘却了为国为民奋斗的“大志气”；还有个别领导干部无志者常立志，瞻前顾后、想法多行动少，终究一事无成，等等。领导干部作为党和人民事业的中坚力量，只有坚定信仰信念信心，方能在实现第二个百年奋斗目标新的赶考之路上克服艰难险阻，在实现中华民族伟大复兴的事业中砥砺前行。

“古之立大事者，不惟有超世之才，亦必有坚忍不拔之志。”立志是干好事情的前提，是甘愿为实现理想而奋斗牺牲的决心，是战胜一切难题的必胜信念。新时代领导干部要立鸿鹄伟志，守报国丹心，应当毅然决然、义无反顾地铭记初心使命、承担历史重任、扛起时代重担，为实现人民对美好生活的向往不懈努力，为党和人民争取更大光荣。要立志做大事，不要立志做大官，善于从历史发展中认清形势，不断坚定崇高志向，立志于中华民族千秋伟业，心怀“国之大者”，统筹好中华民族伟大复兴的战略全局和世界百年未有之大变局，深刻认识我国社会主要矛盾变化带来的新特征新要求，时刻心系人民群众，以“为有牺牲多壮志，敢教日月换新天”的大无畏气概，敢于斗争、善于斗争，逢山开道、遇水架桥，在无私奉献、矢志担当中实现人生价值。

### 骨气是刚强不屈的人格和操守，领导干部要有“任尔东西南北风”的铮铮铁骨

骨气是一种顶天立地的气节、一种折不断压不倒的精神，是来自灵魂深处的力量，是理想信仰的凝练，是道德品质的结晶，是孜孜以求的执着，是负重奋进的脊梁。古人云：“富贵不能淫、贫贱不能移、威武不能屈。”对领导干部来说，有骨气就是在名利、权势、利益等面前不弯腰、不屈服、不低头，始终坚持原则、洁身自好、守住底线，在任何时候任何情况下都保持独立人格、崇高品德和高尚风范。

人无钢骨，安身不牢。骨气是做人最起码的尊严，也是一个人立之于世的根本。有骨气才能挺直腰杆做人，失去骨气就会失

去支撑自己活在世上的精神力量，就难以立身行事。锻造一身钢骨，这是领导干部安身立命、做人做事的基本要求，也是“打铁必须自身硬”的内在要求。领导干部若没有骨气，在纷繁复杂的社会环境中便会缺乏是非意识，很容易被糖衣炮弹击倒，难免会在各类诱惑和干扰面前妥协，失去做人为官的气节，理想信念也会随之丧失殆尽，最终只会落得身败名裂的下场。

山无脊梁会塌方，政无钢骨易腐败。领导干部是党和人民事业的骨干，守一方责任，系一方安危，领一方发展，应有“当官不为民作主，不如回家卖红薯”的为官从政之风骨。有无骨气、骨气如何，直接关系领导干部的影响力、凝聚力和号召力，直接影响领导干部管理下属和团队的领导力，直接影响党风、政风、民风、社风，甚至影响山清水秀政治生态的构建。然而，现实中，领导干部面对权、名、利，丧失人格尊严者依然存在——有的面对权力极尽媚态，唯自认为“能决定自己命运的大官”马首是瞻、谄媚奉承、讨好卖乖，总是一副唯唯诺诺的媚态；有的对权势极尽投机钻营、低三下四，甚至奴颜婢膝；有的唯利是图，无所不用其极，在名利面前甘拜下风，乐于被“围猎”，拿原则做交易，拿公权做私用，拿人格当稻草，丢失了做人的基本尊严、做事的基本底线，等等。领导干部只有练就铮铮傲骨，才能在任何时候稳得住心神、管得住行为、守得住清白；才能在诱惑面前保持人格、保持操守、保持高尚；才能始终忠诚于党和人民的事业，保持对人民群众的热爱，坚定理想信念，行稳致远。

钢骨在身，顶天立地。踏上新征程、奋进新时代，领导干部要啃下各种硬骨头，首先自己必须骨头硬。唯有挺直脊梁、立起钢骨，做人才有正气、做人才有底气、干事才会硬气、群众才会服气。要严格要求自己，树立起正确的权力观、利益观和政绩观，牢牢抵挡住金钱关、权力关和美色关，做到薄礼面前慎微、盛情面前慎软、喜好面前慎馋、隐贿面前慎独，时刻严于律己，率先垂范，防微杜渐，自觉挺直自己的“精神脊梁”，防止思想坍塌。要不为外物所惑，不为威武所折，不为名利所驱，牢记“奢则妄取苟求，志气卑辱”的告诫，坚持不忘初心，留守气节，坦然面对进退得失，服从工作需要，服从组织安排和群众选择，对党和人民的事业高度负责，把全部心思放在工作上，在履职尽责中实现人生价值，做到“名节重于泰山，利欲轻于鸿毛”，不断涵养做人为官之骨气。要注重构建清清爽爽的上下级关系，对上做到从道不从上、唯实不唯上、跟理不跟人，对下做到护人不护短、关爱不溺爱、靠团队不靠团伙，讲党性不讲派性，多琢磨事少琢磨人，任何时候都坚持原则、站稳立场、秉公办事，反对丢掉原则、丧失立场，阿谀奉承、趋炎附势，不辨是非、唯唯诺诺。

## 底气是一种信心和力量，领导干部要有“天生我材必有用”的底气

底气原指在说、唱时由胸腔和腹腔共鸣产生的力气，后引申为基本的信心与力量。对领导干部来说，底气是锐意进取、奋发有为，推动高质量发展的锐气；是临危不惧、处变不惊，驾驭复杂形势的大气；是上接天线、下接地气，团结带领群众的和气；是自警自省、向上向善，促进自身完善的元气。现实中有些领导干部，面对歪风邪气不能坚决抵制，面对发展难题无所作为，面对突发事件手足无措，既损害了形象，也降低了公信力，使工作

陷入被动局面，给党和国家的事业发展造成不利影响。凡此种种，都是领导干部底气不足的反映。

有底气，才能胸中有丘壑、脑中有招数，做事才有谱；底气不足，则畏畏缩缩、优柔寡断，让人不可信、不放心，必失之于软、困之于力、流之于俗、毁之于形。作为领导干部，有底气才能说话铿锵有力、掷地有声，干事雷厉风行、果断有力，为民服务全心全意、大公无私，做群众的孺子牛；有底气才能面对重大决策，发挥领导作用，成为群众心中可以依赖、可以指望的领导者；有底气才能面对尖锐矛盾，敢抓敢管、敢于碰硬，做群众的贴心人；有底气才能面对复杂问题，发现问题症结，做到奔着问题去、迎着困难上，用果断与智谋，全方位、多角度地发散思考，解决问题，做群众的定心丸；有底气才能在“两个大局”中有效应对重大风险挑战，在危机中育先机，于变局中开新局，实现中华民族伟大复兴的中国梦。

增底气，当以信念铸魂、以品德修身、以才略立业。底气不是与生俱来的，领导干部的底气源自坚定的理想信念、良好的道德品质和过硬的能力素质。作为领导干部，必须涵养和增强底气，这既是为自己加分，也是为党添彩，更是为民造福。领导干部涵养和增强自己的底气，要把坚定的理想信念作为为官之要，筑牢信仰之基、补足精神之钙、把稳思想之舵。要增强政治意识，不断提高政治判断力、政治领悟力、政治执行力。要加强学习马克思主义理论，真正掌握马克思主义的立场、观点和方法。要经受得住各种风险的考验，自觉做到守纪律、讲规矩、知敬畏、明底线、常警醒。要把良好的道德品质作为立身之本，明大德、守公德、严私德。习近平总书记指出，领导干部要讲政德，政德是整个社会道德建设的风向标。立政德，就要明大德、守公德、严私德。要对党忠诚老实，不当两面派，不做“两面人”，不搞当面一套、背后一套。知荣辱树正气，弘扬传统美德，践行社会公德，恪守职业道德，慎独、慎微、慎初、慎终。要始终廉洁用权、敬畏组织、心怀人民，带好头、行得端、走得正，创造经得起实践、人民和历史检验的业绩，做底气十足的领导干部。要把过硬的能力素质作为成事之道，练就非凡本领。要树立终身学习的理念，把学习当作一种精神、一种责任、一种追求、一种境界，不断增强“八种本领”，提高“七种能力”，始终在研究状态下工作，防止知识透支、本领恐慌。要把心思集中在想干事上，把胆识体现在敢干事上，把能力展现在会干事上，把目标落实在干成事上，真抓实干，争创一流。

## 优秀领导干部应当具备五个“有”

领导干部需要掌握各种技能，成为一名优秀的领导干部就更需要有大本事。具体来说，优秀领导干部的素质和能力应当具备以下五个“有”。

有真信仰。信仰是指引前行的长明灯，也是行稳致远的压舱石。我们共产党人的根本，就是对马克思主义的信仰，对共产主义和社会主义的信念，对党和人民的忠诚。立根固本，就是要坚定这份信仰、坚定这份信念、坚定这份忠诚。这是共产党人的政治灵魂，是共产党人经受住任何考验的精神支柱。没有信仰，或是信仰不坚定，精神上就会“缺钙”，就会得“软骨病”。“心中有信仰，脚下有力量。”行源于心，力源于志。实践一再证明，一个人如果没有牢不可破的理想信念，没有崇高理想信念的有力支撑，是走不远也走不稳的，就如同在黑暗中摸索前行，根本看不到光的方向。有信仰才会有定力、有动力，无论面对多少艰难险阻、面对多少诱惑，都能不忘初心、牢记使命，永远坚守共产党人的精神家园。有真信仰才有真幸福。只有朝目标飞奔的人，内心才会充满希望，虽苦犹甜、虽败犹荣。有了真正的信仰，站位就高了，眼界就宽了，心胸就开阔了，就能坚持正确政治方向，在顺境时不骄傲不急躁，在逆境时不消沉不动摇，始终怀着一种美丽、高尚的信念活着，从而得到真正的安宁和幸福。有了真正的信仰，精神就有了寄托，就会向前向上向善，就能在精神追求中享受幸福，在服务人民中收获幸福，在道德锤炼中感知幸福，在廉洁自律中珍藏幸福。铸牢坚守信仰的铜墙铁壁。要固本培元，把加强思想政治建设摆在首位，始终坚持马克思主义指导地位不动摇，认真学习贯彻习近平新时代中国特色社会主义思想。要把改造客观世界和改造主观世界结合起来，自觉坚守共产党人的精神家园，为中国特色社会主义共同理想而奋斗。

有大格局。格局是一个人的眼界、胸怀、胆识等心理要素的内在布局。格局大小反映一个人所思所想、所行所止的站位高低、眼界宽窄。一个人格局大，从大处看，是讲政治、顾大局，自觉站在党和国家全局的高度想问题、办事情；从小处看，是正确处理个人意愿和组织需要的关系，看淡自我的利益纠结，追求“大我”的精神气概。面对改革大考中的诸多现实选择，领导干部必须胸有大格局，从而脚下之路才能更宽广。格局决定结局。人和人的差距，固然有家庭、教育、机遇等外在因素的影响，但更重要的是做人格局的大小。有大格局才有大视角，做事才有大手笔，做人才有大气魄。一个人的格局开阔了，就能跳出个人私利的羁绊，不为蝇头小利斤斤计较，不为一时成败纠结难平，个人的选择也就多了，脚下的路也就宽了，即使偶有“山重水复疑无路”，也能“柳暗花明又一村”。立志做大事，不要立志做大官。做事还是做官，体现的是不同的人生格局和价值追求。做事的人，把心放在事上，一切以推动工作、发展事业为重；做官的人，想的是职务权力，整天都在琢磨人际关系，自己累，搞得别人也累。要立足岗位职责，脚踏实地，努力在平凡的工作岗位上创造出不平凡的业绩。

有真本事。很多领导干部有做好工作的真诚愿望，也有干劲，但由于缺乏本领，结果是虽然做了工作，有时候做得还很辛苦，但不是不对路子，就是事与愿违，甚至做出一些南辕北辙的事情来。这就告诫我们，从事领导工作，除拥有钢铁般的意志、永恒的定力外，还得有真功夫、有“几把刷子”。没有金刚钻，揽不了瓷器活儿。无论是干事创业还是攻坚克难，不仅需要宽肩膀，也需要铁肩膀；不仅需要政治过硬，也需要本领高强。“术业有专攻”，领导工作就如同打造一件高端的瓷器，非“能工巧匠”不可为。领导干部只有配上“金刚钻”，练就“专业活儿”，发扬工匠精神，成为专业的人，抓好专业的事，才能把“瓷器”打造得质量过硬、精美绝伦。真本事是学出来的、干出来的。本领不是与生俱来的，也不会随着职务的升迁而自然提高。要把学习、实践贯穿领导工作的全过程、各方面，切实增强学习新知识、掌握新本领的自觉性和紧迫感，自觉在研究状态下学习工作，不断提高战略思维、历史思维、辩证思维、系统思维、创新思维、法治思维、底线思维的能力，实现专业知识、专业能力、专业作风的统一。要主动到条件艰苦的基层、国家建设的一线、项目攻关的前沿经受锻炼、接受磨炼，有针对性地补足知识空白、经验盲区、能力弱项，努力成为兼收并蓄、融会贯通的通达之才。

有凝聚力。核反应中有一种形式叫“核聚变”，指的是轻原子核结合成较重原子核时，能够产生巨大的能量。凝聚力与“核聚变”有许多相似的地方，是领导干部凭借个人的人格力量、工作水平和领导艺术，对周围的干部群众产生的巨大吸引力、聚合力。我们党正是通过发挥党的政治优势、组织优势，不断找准共同利益点，把全国各个阶层、群体结成共同阵营，形成统一战线，汇聚成巨大的力量，最终取得了革命、建设、改革的胜利。凝聚产生力量，团结诞生希望。领导干部无论自身多么优秀，个人的力量都是有限的。只有成为“吸铁石”，把身边的人紧紧团结在一起，才能集体谋大事、共同干大事。领导干部特别是“一把手”，要多做换位思考，增进相互理解，善于营造生动活泼的工作环境，既讲原则又讲感情，既讲团结又讲斗争，通过集思广益，把大家的意见转化为集体的正确决策，推动大家心往一处想、劲往一处使。依靠真理、思想、人格力量凝聚人。领导工作是一门科学，也是一门艺术。领导干部要有强大的真理力量，更要有强大的思想力量、人格力量。只有依靠真理、思想、人格的力量，才能真正赢得广大干部群众的认可。要高擎思想火炬，深入理解马克思主义的精神实质和思想精髓，努力掌握贯穿其中的马克思主义立场、观点和方法，用真理的光芒引领人，团结带领群众听党话、跟党走。要加强政德修养，始终恪守立党为公、执政为民的理念，用人格的魅力感召人，凝聚推动事业发展的力量。

有真担当。担当是领导干部必备的基本素质，是共产党人的政治品格和从政本分，也是我们党对领导干部的一贯要求。大事难事看担当。有多大担当才能干多大事业，尽多大责任才会有多大成就。领导干部要有担当作为不是一般的政治表态和呼吁，而是必须体现到行动上、落实到工作中，是要动真格的。不担当就是不忠诚。忠诚之魂在于担当，不担当，半点忠诚都没有。能否敢于负责、勇于担当，最能看出一个领导干部的党性和作风。评价一个领导干部是否对党忠诚，一个重要方面就是看其是不是真担当、敢不敢真负责、有没有真作为，有行动、有作为的担当是对忠诚最好的诠释。对党忠诚、敢于担当是有机整体、缺一不可。对党忠诚就是要为党分忧，以敢于担当检验绝对忠诚，不能只停留在口头上，而必须体现在对党和人民事业的担当作为上。有真担当才是真将帅。有些问题并非无解，关键在于有没有担当，只要心系使命、勇挑重担，就没有过不去的坎儿。要拎着乌纱帽为民干事，不要捂着乌纱帽为己做官，不能只想当官不想干事，只想揽权不想担责，只想出彩不想出力。要立足岗位履职尽责，不畏其难、不厌其烦，对突出矛盾发现在早、处置在小，主动解决而不是回避推卸；对突发事件敢于负责、临危不惧，关键时刻亲临现场、靠前指挥、果断处置。真担当还要有真本事，使自己的能力素质跟上时代节拍、与岗位职责相匹配。

# 领导干部必须保持优良作风

作风是人们在工作、学习和生活中表现出来的稳定的态度和行为。对于领导干部来说，作风就是形象，作风就是效益，作风就是领导力。“风成于上，俗形于下。”一个作风扎实的干部，往往能深入实际，及时发现和解决问题；一个作风民主的干部，往往能充分相信和依靠群众，想群众之所想，急群众之所急，为群众办实事、做好事、解难题。

作风问题无小事，关乎党心民心，关乎事业成败。领导力本质上是领导干部作风的集中体现和重要依托，领导作风过硬不过硬，直接影响到领导力强不强。领导干部作风好，群众和下属就会衷心地理解、支持和拥护，从而增强其凝聚力和吸引力；领导干部作风不好，群众和下属就会在心理上、感情上、行动上与其保持距离，以至于离心离德，从而削弱向心力和战斗力。因此，培养卓越的领导力，必须锻造扎实过硬的优良作风，向好作风要领导力，从而不断提高领导艺术和领导水平。

德才兼修，强化内功修炼，提升感召力和影响力。“参天之木，必有其根；怀山之水，必有其源。”领导干部如果不端正学风，不重视自我修炼，领导力就成了无源之水、无本之木，就克服不了“本领恐慌”。要大兴学习研究之风。作风之要，首在学风。领导干部要树立终身学习的理念，把学习作为一种政治责任、一种精神追求、一种健康的生活方式，先学一步、学深一层，挤时间学、下功夫学，以学习修德行、以学习增才干。要练好调查研究基本功，学会在研究状态下工作，让自身德才兼备的综合资本获得大家的认可，形成独特的个人魅力，扩大自身的影响力。要练就看家本领。领导干部要博闻强识，自觉接受马克思主义哲学智慧的滋养，学懂弄通做实习近平新时代中国特色社会主义思想，提高政治理论素养，运用历史唯物主义和辩证唯物主义的立场、观点和方法来观察和解决问题。学习掌握政策业务、领导科学、历史知识，不断增强研判决断能力，使各项工作更好地体现时代性、把握规律性、富于创造性。要涵养良好品行。领导干部要铸牢理想信念，锤炼坚强党性，在大是大非面前旗帜鲜明，在风浪考验面前无所畏惧，在各种诱惑面前立场坚定，修好大德；要坚持以人民为中心的发展思想，不做表面文章、不急功近利、不沽名钓誉，努力创造出经得起实践、人民和历史检验的实绩，守好公德；要严格约束自己的操守和行为，自重、自省、自警、自励，加强个人党性修养，加强家风建设，注重个人生活小节，以严私德。

以上率下，促进作风养成，强化凝聚力和执行力。“榜样是看得见的哲理。”领导干部是党的事业的组织者、推动者，又是党性党风的示范者、引领者，一言一行都是导向，都是风向标。以令率人，不如身先力行。领导干部要在树立良好作风方面当表率，积极促进优良作风的形成，一级抓一级、一级带一级，带头弘扬正气、抵制歪风。要做到理论联系实际常态化。理论联系实际是学习态度问题，也是执行能力问题，需要直面问题的勇气、破解难题的智慧。领导干部要遵循党的思想路线，将理论运用于指导实际，把握客观性、科学性、系统性的原则，深入实际、调查研究，综合分析、有的放矢，在应对一系列风险和考验中作出务实而睿智的回答，增强个人领导力。要做到密切联系群众常态化。最正的立场是群众立场，最好的办法是群众路线，最实的工作是群众工作。领导干部要坚决破除“官本位”意识，说实话、谋实事、出实招、求实效，用人民赋予的权力全心全意为人民服务。要坚守人民立场，摆正“公仆”地位，诚心接受各方面监督，尊重人民、敬畏人民、依靠人民，决不能搞特权，以人民群众的认可和拥护强化自身领导力。要做到批评和自我批评常态化。“大道之行，天下为公。”领导干部要发扬斗争精神、增强斗争本领，敢于刀刃向内，善于把自己摆进去，时时反省和检视自身作风方面存在的问题，坚持批评和自我批评，虚心听取意见，针对形式主义、官僚主义等顽疾，拿出壮士断腕、刮骨疗毒的勇气，以彻底的自我革命精神，强化制度建设，建立长效机制，下功夫、用狠劲，不断增强自我净化、自我完善、自我革新、自我提高能力。

以往鉴来，注重借鉴总结，拥有前瞻力和决策力。习近平总书记强调，在处理复杂经济利益关系和各种社会矛盾中，领导方法和工作方法十分重要。方法对头，事半功倍，方法失当，事倍功半。领导方法和经验可以从历史、先辈、同事、群众当中来获取、交流、互鉴，取他山之石攻我之玉，才能少走弯路，增强处理问题的预见性，提高决策能力。要学会借鉴前人经验。历史中有前人治理国家和社会的宝贵智慧。领导干部要学习和了解历史上的治国理念、执政智慧、经验教训，本着“择其善者而从之，其不善者而改之”的科学态度，结合思想和工作实际，或吸取应用，或作为借鉴，或引为镜戒，不断丰富知识学问、开阔眼界胸襟、提高精神境界，使自己的领导工作水平不断得以提升。要学会借鉴他人经验。领导干部要善于拿别人吃的“堑”，长自己的“智”，拿别人“亡羊”的教训，补好自己的“牢”。要积极学习借鉴别人的成功经验，更要吸取他人的失败教训，把别人走过的路化为自己的财富，从他人的经验教训中寻找良方，引以为戒，避免重蹈覆辙，降低试错成本，以此获得成功。要学会借鉴基层经验。基层是实践和创新的沃土，蕴含着人民群众的丰富智慧。领导干部要学会向基层学习、拜人民为师，不断挖掘基层经验中蕴藏着的改革发展、攻坚克难的力量，充分借鉴人民群众的智慧、基层干部的经验，及时发现总结可借鉴、可推广的成功做法和经验，不断夯实领导力，提高群众基础。

严于律己，自觉接受监督，保持自制力和公信力。古人云：“拒谏者塞，专己者孤。”接受监督是领导干部听真话、看真相，防止腐化变质，保持先进性、纯洁性的重要途径。要自觉接受组织监督。领导干部要自觉将自己置于党组织的教育、监督和管理之中，心存敬畏，手握戒尺，主动向组织报告工作生活情况，在思想上政治上作风上严起来实起来。要从反面典型中深刻吸取教训，做到慎独、慎初、慎微、慎欲，破除侥幸心理，在监督中检身正己，在监督中保护自己，始终维护好自身领导力。要自觉接受群众监督。民心是最大的政治，群众的眼睛是雪亮的。党的方针政策到底可不可行，执行到不到位，党员干部的作风好不好，群众最有发言权。领导干部要充分认清群众监督的重要性，保障群众知情权、参与权、选择权、监督权，自觉接受群众监督，使自己不犯或少犯错误，形成党风正、民心顺、事业兴的良好局面。要自觉接受舆论监督。领导干部手握公权力，接受监督应是全方位、全天候的。舆论监督与党内监督、民主监督、法律监督一样，都是新时代的监督利器，而且影响面大、传播速度快、范围广，具有很强的警示作用。领导干部要主动自觉自愿地接受舆论监督，发挥舆论监督“全天候”“探照灯”的作用，拒绝“鸵鸟行为”，及时有效地发现问题、解决问题，堵塞漏洞、改进工作。

“繁霜尽是心头血，洒向千峰秋叶丹。”领导干部只有切实加强作风建设，责无旁贷举旗担纲、时时处处率先垂范，才能不断提高领导能力和执政本领，乘风破浪、披荆斩棘，在实现中国梦的复兴伟业中作出积极贡献。

# 当领导干部必须有政治智慧

什么是政治？毛泽东同志曾精辟地指出，政治就是把我们的人搞得多多的，把敌人的人搞得少少的。习近平总书记强调："人心向背、力量对比是决定党和人民事业成败的关键，是最大的政治。"什么是政治智慧？简单来说就是理解、掌握、运用一切有利于维护政治利益的能力。对于党的领导干部来说，就是坚持以人民为中心的根本政治立场，严守党的政治纪律和政治规矩，妥善协调处理各方面的利益关系，凝聚人心，能够驾驭复杂政治局面。如何培养政治智慧？做到以下几点比较重要。

## 坚定政党自信

习近平总书记指出："当今世界，要说哪个政党、哪个国家、哪个民族能够自信的话，那中国共产党、中华人民共和国、中华民族是最有理由自信的。"我们党最有理由自信，这一重要论断彰显了以习近平同志为核心的党中央团结带领全党全国各族人民实现第二个百年奋斗目标和中华民族伟大复兴中国梦的信心和决心。

政党自信源自正确的理论。首先是指导思想的科学性。我们党始终把马克思主义作为行动指南，并坚持在实践中不断丰富和发展马克思主义。我们信仰的主义是真理，这是我们坚定政党自信的最大理由。其次是价值追求的至上性。马克思主义矢志不渝地追求公平正义和共同富裕，追求无产阶级的自由、民主和人权。我们党所追求的未来理想社会，摆脱了权力和资本的双重奴役，消灭了剥削和压迫，处处洒满公平和正义，人人都能自由全面发展，这是最理想的社会。最后是政治立场的人民性。人民的信任和支持是政党自信的力量之源、根本所在。人民立场是我们党的根本政治立场。“得众则得国，失众则失国。”人民利益是我们党的全部利益所在，全心全意为人民服务是我们党的根本宗旨，这与资产阶级政党是完全不同的，是区别于、优越于其他一切政党的根本标志。我们党始终选择站在最大多数人的一边，这是我们坚定政党自信的力量之源。

政党自信源自伟大的实践。我们党一路走来，领导中国人民完成新民主主义革命，彻底结束了旧中国半殖民地半封建社会的历史，实现了中国从几千年封建专制政治向人民民主的伟大飞跃；完成社会主义革命，为当代中国的发展进步确立了社会主义制度基础，实现了中华民族由不断衰落到根本扭转命运、持续走向繁荣富强的伟大飞跃；开辟了改革开放新的伟大征程，选择了中国特色社会主义，极大解放和发展了社会生产力，实现了中国人民从站起来到富起来、强起来的伟大飞跃。改革开放 40 多年，我国的经济实力、综合国力大幅跃升，已成为世界第二大经济体；人民生活水平不断改善，实现了从温饱到全面建成小康社会的历史性跨越；民主法治建设不断加强，社会文明程度大幅提高，人民的精神面貌发生深刻变化：国际地位日益上升，在解决自身问题的同时也为人类提供中国方案，世界各国更加看重中国、倚重中国；我们比历史上任何时期都更接近中华民族伟大复兴的目标，比历史上任何时期都更有信心、有能力实现这个目标。我们取得的一切成就，最根本的原因就是我们党带领人民找到并走出了一条适合自己的发展道路——中国特色社会主义道路。这条道路是我们党历经艰辛坎坷探索出来的正确道路，具有鲜明的独创性和优越性。

## 抓党建就是抓发展

抓党建和抓发展是辩证统一的。抓发展是抓经济基础，抓党建是抓上层建筑，两者相互关联、相互制约、相互促进。抓发展必须抓党建，抓党建是“坚持发展是第一要务”的必然要求；抓党建离不开抓发展，抓发展是“把抓好党建作为最大的政绩”的题中应有之义。所以，领导干部必须牢固树立抓党建就是抓发展的意识。

办好中国的事情，关键在党，关键在人。党政军民学，东西南北中，党是领导一切的。办好中国的事情，关键在党，关键在人。一个政权，其前途命运取决于人心向背。治国必先治党，治党务必从严。必须把抓党建作为最大政绩来认识、来推进，树立抓党建是本职、不抓党建是失职、抓不好党建是不称职、党建出了问题是渎职的意识，把党建工作与经济建设、改革发展稳定工作同谋划、同部署、同实施、同检查，把每条战线、每个领域、每个环节的党建工作都抓具体、抓深入。

政治优势和组织优势是发展的最大资源。我们党的政治优势和组织优势就在于可以调动起各方面力量的积极性，集中力量办大事，这是任何政党所不可比拟的。这是我们迎接挑战、战胜困难，推动经济社会又好又快发展的关键支撑和可靠保证。要紧紧围绕发展这个党执政兴国的第一要务来谋划和推进党的建设，做到中心工作推进到哪里，党组织就建到哪里，党建工作就延伸到哪里，党员作用就发挥到哪里，在改革发展稳定中有效发挥党组织作用，真正把党的政治优势和组织优势转化为推动经济社会发展的强大力量。

## 顶天立地，才能立于不败之地

“顶天”就是要有远大的理想、远大的智慧、远大的目标；“立地”就是要脚踏实地、从点滴做起、从小事做起。“顶天”是信仰和担当，“立地”是实干和责任。当干部，顶天立地，既要“仰望星空”、心怀理想、坚定信念，又要脚踏实地、勤政务实、敢于担当。

心怀理想，才能勇往直前。心怀理想，“仰望星空”，是为了看清目标、明辨方向，朝着更高的顶点努力。“既要埋头拉车，更要抬头看路”，只有这样，才能保证我们不会出现方向性的偏差。实现共产主义就是全体共产党员崇高而坚定的理想，也就是共产党人精神上的“钙”，这种精神上的“钙”是共产党人经受住任何考验的精神支柱，是共产党人继续前进的根本动力和重要支撑。领导干部只有胸怀共产主义远大理想，才能以朝气蓬勃、奋发向上的精神状态，坚定不移地贯彻执行党的路线方针政策，才能在任何时候、任何困难面前，都能坚定信念，逢山开路、遇水架桥。

树高千尺，须臾离不开树根。领导干部光有远大的理想、追求卓越的品质是不够的，还必须把理想写在大地上，脚踏实地履职尽责，全力以赴推动工作落实和事业发展，在实践中创造出经得起历史和人民检验的政绩。要积极作为，带头真抓实干，出实策、鼓实劲、办实事，勇于迎难而上，敢于动真格，避免走过场、摆样子，避免唱高调、瞎折腾；要狠抓落实，发扬钉钉子精神，一锤接着一锤敲、一件一件干到底，坚持眼睛向下看、身子往下沉，多到基层一线和群众意见多的地方去，在解决实际问题中抓落实、促发展。

### 任何时候都要顺势而为

所谓“势”，是指事物发展的规律。任何事物都有其发展规律，“势”即还没有出现、将要出现的形状及趋向。工作顺势而为，自然省时省力，事半功倍；逆势为之，则如逆水行舟，困难重重。领导干部担负着带领一个地方、一个领域、一个行业发展的使命和重任，必须善于把握形势，顺势而为。

顺势而为关键是要与时俱进、改革创新。世界上唯一不变的就是变化。事物始终在发展，世情、国情、党情也在不断变化，特别是知识经济时代，各种新知识、新情况、新事物层出不穷，各种情况和问题更加错综复杂。“物竞天择，适者生存。”只有因势而变、随势而动，善于随着身边事物变化不断调整适应，坚持与时俱进、改革创新，才能打开工作局面、推动事业发展。“苟日新，日日新，又日新。”领导干部必须冲锋在前，勇做第一个吃螃蟹的人，拿出一股想创新、敢创新的勇气和闯劲，打破思想保守、思路封闭、视野不宽、坐井观天、夜郎自大、“等靠要”等思维束缚，切实解放思想、转变观念，大胆闯大胆试。

# 当领导干部需要具有这些决策智慧

决策是领导者的责任，也是领导工作的核心，贯穿领导工作的各个方面，关系着事业的兴衰成败。在一个地方和单位，决策往往牵一发而动全身，领导干部级别越高，其决策的影响面往往越大。只有做到科学决策、民主决策、依法决策，在把握客观规律的基础上确定工作的目标和举措，才能使工作真正得到长远发展。

## 谋要众，断要寡

“谋要众”就是要注意发挥集体的智慧，“断要寡”就是决策时要敢于决断、敢于拍板、敢于负责。领导干部既要发扬民主，又要善于集中；既要有集众智的胸襟，又要有善决断的魄力。

充分发扬民主、集思广益是决策的根本方法。客观实际情况是错综复杂、千变万化的，而个人的知识、经验和才能总是有限的。因此，要作出正确的判断，除了靠自己的学识、经验和才智外，还需要把别人的智慧吸收进来。要善于集思广益，凝聚集体智慧，这既体现领导干部的胸襟、智慧和领导艺术，又是强化组织能力建设的客观要求，能够将正确的决策变为干部群众的统一意志。倾听各方面意见，要善于和班子成员、上下级谈心交流，拉近相互间的思想、感情距离，求同存异，在关键问题上达成共识。

既善于集中正确的意见，也善于拍板决断。领导在决策过程中发挥的作用应该是，既要善于集中大家的好主意、好看法，或者能够提出好主意、好看法并引导大家形成新见解、新共识；还要能够把好决策的拍板关，敢于决断。敢于拍板并不是武断决策、刚愎自用、拍脑袋决策，敢于拍板应建立在充分调查研究、多方听取意见、冷静思考分析的基础之上，建立在坚持民主集中制原则的基础上。“夫难得而易失者，时也；时至而不旋踵者，机也。”只有提高善于拍板的能力，才能够赢得机遇和效益。要充分估计事物发展过程中可能出现的新情况新问题，尤其要预测事物发展的趋势和结果，使决策更具有科学性、前瞻性、战略性。

## 打蛇打七寸，牵牛牵鼻子

领导干部要善于抓住问题的关键和要害，聚焦大事要事、瞄准急事难事、紧盯薄弱环节作决策，切实做到“打鼓打到重心处，决策决到要害上”，这样决策才能取得好的效果。

作决策一定要善于抓住主要矛盾和矛盾的主要方面，善于把握关键环节，切中问题要害。主要矛盾在事物发展过程中处于支配地位，起着主导性、决定性作用，抓住了主要矛盾，就抓住了重点和关键，问题和困难就会迎刃而解。要以重点突破牵引带动全局，决不能避重就轻、拈轻怕重，甚至绕道而行，否则到头来只会“竹篮打水一场空”。

麻绳最容易从细处断，决策要聚焦薄弱环节、补齐短板。“木桶原理”告诉我们，一个木桶如果存在短板，它的容量不是取决于最长的木板，而是取决于最短的木板。同样的道理，决策如果不注重补齐工作上的短板，那么这样的决策方案对工作的整体提升没有任何效果。“绳在细处断，冰在薄处裂。”领导干部作决策必须要聚焦薄弱环节，对症下药。要坚持问题导向，强化问题意识，以敏锐眼光洞察细微问题，紧抓工作薄弱环节，打破砂锅问到底，客观全面、深刻系统、辩证历史地看待、分析、研究和解决问题，想方设法补齐工作中的短板。

### 没有调查，就没有决策权

调查研究历来是我们党进行决策的重要途径和基本前提。毛泽东同志在《反对本本主义》一文中，提出了“没有调查，没有发言权”的著名论断。习近平总书记强调：“调查研究是谋事之基、成事之道，没有调查，就没有发言权，更没有决策权。”这些告诉我们，研究问题、制定政策、推进工作，刻舟求剑不行，闭门造车不行，异想天开更不行，要把调查研究作为一项基本功，坚持在全面深入调查研究的基础上作出科学决策。

调查研究包含调查和研究两个环节，调查是基础，研究是实现目的的手段，二者相辅相成、不可偏废。离开调查搞研究是纸上谈兵，离开研究搞调查是形式主义。毛泽东同志曾说：“不做正确的调查同样没有发言权。”领导干部要保证决策的科学性，就必须处理好调查和研究两个环节的关系，开展充分的、正确的调查和研究。坚持从群众中来、到群众中去，深入实际、深入基层、深入群众，多层次、多方位、多渠道调查了解情况，收集第一手材料；在调查的基础上多些研究、少些臆断，多些思考、少些浮躁，进行一番交换、比较、反复的工作，把零散的认识系统化，把粗浅的认识深刻化，直至找到事物的本质规律，找到解决问题的正确办法。

调查研究是谋事之基、成事之道，是推进决策科学化、民主化的前提和基础。习近平总书记曾在《之江新语》中形象地比喻："调查研究就像'十月怀胎'，决策就像'一朝分娩'。"决策是一个厚积薄发的过程，科学的决策都是根据实际情况进行科学分析得来的，调查研究充分酝酿，最终是为了使作出的决策真正符合客观实际。问题分析研究得越透彻，解决起来才会越有针对性。领导干部要把调查研究的成果充分运用于指导科学决策中，不断发现问题、分析问题，并最终解决问题，始终坚持在调查研究之后才作结论，在科学论证之后才作决策，努力使各项决策部署更接地气，真正反映百姓的呼声。

### 要注意评估反馈

评估反馈是对工作的"回头看"。善于"回头看"有利于检验决策执行效果，也有利于为下一轮决策总结经验教训。

评估是为重大决策"把关""诊脉"的必要程序，既是对决策执行进行监督检查，也是对决策效果进行检验和评价，是决策过程中必不可少的关键一环。评估的目的是对决策执行情况进行回顾、分析、评价。一般说来，重大改革方案、重大政策措施、重大工程项目，都需要进行事前、事中、事后的风险效果评估，这是保证工作顺利推进、实现预期目标的科学方法。领导干部要树立科学决策的效果意识，对决策过程各个环节做到心中有数，实时掌握决策的实施情况，通过多种途径了解利益相关方和社会公众对决策实施的意见和建议，全面评估决策执行效果。对有利于决策实施的，就坚决干、加油干、一刻不停歇地干；对不利于决策实施的，就坚决改、彻底改、一刻不耽误地改，进一步优化完善决策方案，提高决策的科学化水平。

要养成复命的习惯，复命就是反馈。从事任何工作，不管结果如何，都要有个反馈。如果这“最后一公里”没有走完，就会留下缺陷。特别是领导干部，必须养成复命的习惯，提高“画句号”的能力，事事有反馈，是基本的工作要求。事毕不回复，就像任务完成了99%，只有这1%没落实，虽然就差这么一丁点儿，事情却没有做到位。实际工作中，往往不能等任务全部完成了再反馈，阶段性的进展也要及时报告，一方面可以让领导和同事放心；另一方面及时反馈情况能为正确决策提供依据。只要是和岗位职责有关的事，都要及时回复，做到凡事有交代、件件有着落、事事有回音。增强复命意识，注意适时反馈、阶段性反馈，事中要反馈，事后更要反馈，不断总结成功的经验和失败的缘由，努力提高执行的质量和水平，以利再战。

# 常修为政之德

# 当领导干部要有好形象

形象是一个人衣着相貌、言行举止、精神气质、道德情操的集中反映。对领导干部而言，形象关系个人的群众基础和影响力、号召力，更代表党的形象和组织的威信。良好的形象在群众中有着无形的示范、带动和引领作用，是社会的风向标。我们常说“当官要有当官的样子”，这个“样子”就是指良好的形象。领导干部必须增强形象意识，从政有品格，用权讲原则，做人重形象，有好的官声、名声，切实在干部群众中树立可亲可信可敬、为民务实清廉的形象。

## 要有立场坚定、旗帜鲜明的形象

举什么旗、走什么路，是关系党的事业兴衰成败第一位的重大问题。进入新时代，党面临的执政环境是复杂的，影响党的先进性、弱化党的纯洁性的因素也是复杂的，领导干部的立场观点态度对干部群众和社会有着重要的影响，必须牢固树立“四个意识”，旗帜鲜明讲政治，时刻不放松检视党性、洗涤灵魂，做到永不变质、永不褪色。不能墙头草两边倒，更不能做反动的事。

要坚定政治信仰。政治信仰是共产党人的元气和灵魂，没有坚定信仰的人是靠不住的。立根固本，就是要坚定对马克思主义的信仰，对社会主义和共产主义的信念，对党和人民的忠诚。要带头深入学习贯彻习近平新时代中国特色社会主义思想，自觉运用马克思主义立场观点方法观察世界，廓清思想迷雾，排除思想干扰，坚定“四个自信”，筑牢理想信念根基，让政治信仰永固。

要保持政治定力。心有定力，行不偏移。面对境外敌对势力对我们的渗透、颠覆、分裂活动，领导干部必须“稳心定神”，面对大是大非敢于亮剑、面对危机敢于挺身而出、面对歪风邪气敢于坚决斗争，时刻保持头脑清醒、意志坚定，始终做到爱党、护党、忧党、为党，决不能羞羞答答、含含糊糊，决不能人云亦云、一味地盲从或跟随。

要增强政治能力。讲政治，不仅是一个敢不敢讲、敢不敢旗帜鲜明讲的觉悟和态度问题，还是一个能不能讲、会不会讲的能力和水平问题。要加强政治历练，遇事多想政治要求、办事多想政治规矩、处事多想政治影响，做到观察分析形势把握政治因素、筹划推动工作落实政治要求、处理解决问题防范政治风险，自觉把讲政治贯穿党性锻炼全过程，使自己的政治能力与担任的领导职责相匹配。

## 要有目光远大、锐意改革的形象

领导的本质就是发现问题、研究问题、解决问题，做到“既领又导”。有没有发现问题的敏锐、正视问题的清醒、解决问题的担当，是对领导干部能力、素质和水平的最好检验。问题不会自我消亡，反而会随着形势、环境的变化产生新情况、新问题，见多识广看问题才能精准。领导干部必须以问题为导向，谋全局看长远，时刻绷紧改革创新这根弦，用改革的思路打开视野、推动工作，不能总是抱着老观念、老思维打转转，死水一潭。

站得高才能看得远。邓小平同志曾说，政治家的眼界要非常开阔，“要从大局看问题，放眼世界，放眼未来，也放眼当前，放眼一切方面”。领导干部要提升站位，善于跳出自身看自身，能够高出两三个层次看问题，审时度势，争取主动。要用发展的眼光看问题，注意研究新情况，解决新问题，在不断变化发展的形势任务中化被动为主动，从而牢牢把握工作主动权。

唯改革者进，唯创新者强，唯改革创新者胜。历史总是要前进的，历史从不等待一切犹豫者、观望者、懈怠者、软弱者。只有与历史同步伐、与时代共命运的人，才能赢得光明的未来。把握新要求，跟上新时代，要敢为人先，勇于冲破思想观念的障碍，勇于突破利益固化的藩篱，以昂扬的奋斗状态和锐意进取的精神面貌，破解难题、化解矛盾、敢闯敢试；要统筹推进，坚持全局和局部相配套，治标和治本相结合，渐进和突破相衔接，抓住关键问题、热点问题、制约工作发展的难点问题等进行改革创新，实现重点突破和整体推进相统一，形成推进改革创新的强大合力。

## 要有勤政务实、显绩潜绩都注重的形象

“勤政务实”是习近平总书记提出的好干部标准的重要内容之

一。勤政就是要恪尽职守、勤于政事，认真负责地为人民做事；务实就是要一切从实际出发，量力而行、尽力而为，重实际、办实事、求实效。“在其位，谋其政”，从事领导工作就必须勤政，这是对干部最基本的要求。具体工作中，既要立足当下，扎扎实实地干成几件事，创造出经得起实践、历史和人民检验的成绩；又要着眼长远，善于做打基础、利长远的事，为后人作铺垫、谋幸福，真正做到显绩潜绩都要有。

没有政绩的干部就不是好干部。干部就要干事，不干，半点马克思主义也没有。如果占着位子不作为、拿着工资不干事，这就是一个庸官、懒官。领导干部必须恪尽职守、勤勉工作，既要想干愿干积极干，又要能干会干善于干，要把精力用到谋发展上，把心思用到求实效上，把劲头用在抓落实上，精益求精，真抓实干，要能“出活”，作出实实在在的成效，不能一张嘴巴到处讲，什么事也不干，这样即使说得天花乱坠也是白搭，还耽误事。

功成不必在我，功成必定有我。任何成绩都不是一蹴而就的，都要经过长期的努力和积累，不能总想着一鸣惊人、出新出彩，甚至为了出成绩而搞假，弄出一堆“面子工程”“形象工程”，不仅挫伤了群众感情，更损害了党和政府的形象。要甘当“铺路石”，做一名潜心静气、专心致志、埋头苦干的实干家，多做打基础、管根本、利长远的事，真正把好事办好、把实事办实。要跑好“接力赛”，发扬钉钉子精神，不贪一时之功、不图一时之名，以抓铁有痕、踏石留印的劲头，一张蓝图绘到底，一锤接着一锤敲，久久为功，善作善成。

## 要有大公无私、亲民爱民的形象

领导干部掌握的是公权力，公器不能私用，不能把它当作谋取非分利益的一种手段、一种机会。习近平总书记指出："作为党的干部，就是要讲大公无私、公私分明、先公后私、公而忘私，只有一心为公、事事出于公心，才能坦荡做人、谨慎用权，才能光明正大、堂堂正正。"党的宗旨是全心全意为人民服务，党除了人民的利益没有其他特殊利益，为人民谋利益，为中华民族谋复兴，是最大的公，维护好这个公，最根本的就是要坚持人民立场，始终亲民爱民。

心底无私天地宽。"政在去私，私不去则公道亡。"领导干部要摒除私心杂念，把个人的名利得失置之度外，事事出于公心、时时怀着公心、处处依照公心，自觉按原则办事、按规矩办事，不因私事误公事，不用公权谋私利，才能坦坦荡荡、光明磊落，才能挺得起腰杆、讲得起硬话，才能得到群众的拥护和支持。

始终把人民放在心中最高位置。人民立场是我们党的根本政治立场，是马克思主义政党区别于其他政党的显著标志。清代郑板桥曾作诗："衙斋卧听萧萧竹，疑是民间疾苦声。些小吾曹州县吏，一枝一叶总关情。"党的领导干部更要有这种境界，把人民对美好生活的向往作为奋斗目标，把增进人民福祉、促进人的全面发展作为经济社会发展的出发点和落脚点，倾听群众呼声，关心群众疾苦，从解决群众最关心、反映最强烈的问题入手，尽心竭力为群众办实事、做好事，让改革发展成果更多更好地惠及群众，让群众时时处处感受到党和政府的温暖。

## 要有清正廉洁、乐于奉献的形象

“公生明，廉生威。”清正廉洁，乐于奉献，向来是历代为官从政者应有的品德。事实上，只有真正清正廉洁的领导干部，才能时刻保持艰苦奋斗、勤俭节约的本色，始终做到淡泊名利、无私奉献。也只有心甘情愿做奉献，把奉献作为一切行为目的的领导干部，才能真正做到舍小家为大家、舍己为人、乐于奉献。

不廉则不立。品德不好的人想要成为好干部，受到组织认可、群众拥戴，是不可能的。无数事实证明，贪欲不仅能毁掉一个人的声誉，而且能断送一个人的生命。“侥幸从来都是不幸的开始。”领导干部要强化自身约束，经常自检自省，自觉遵守党内政治生活准则、廉洁自律准则，手握权力而不自我膨胀，身居要职而不自我放纵，时刻保持清醒的头脑，把“红灯”亮在“越轨”前，自觉抵制“糖衣炮弹”。勇于自我革命，习惯在监督下开展工作、在阳光下运行手中的权力，真正从内心深处筑牢拒腐防变的精神堤坝，提高自身“免疫力”，练就“金刚不坏之身”。

心甘情愿地消耗自己。“春蚕到死丝方尽，蜡炬成灰泪始干。”领导干部要树立正确的权力观、价值观、政绩观，忠诚而踏实地为党和人民的事业奉献自己的力量，有一分热发一分光，兢兢业业、任劳任怨，不慕虚荣、不恋功名、埋头苦干，真正做到鞠躬尽瘁、死而后已。有功劳的时候不伸手、有苦劳的时候不计较、有疲劳的时候不抱怨，心甘情愿做燃烧自己、照亮别人的蜡烛。做吃苦耐劳、甘于奉献的老黄牛，不能总是斤斤计较，凡事先为自己打算，“小九九”“小算盘”特别多的干部是干不成什么事的。

## 要有勤奋好学、善于思考的形象

不管拥有什么学历，一个人一辈子最核心的竞争力是学习力。能否成为一名优秀的领导干部，取决于是不是不断学习、是不是善于学习、是不是有快速学习的能力。“学者非必为仕，而仕者必为学。”领导干部是干出来的，也是学出来的，不学习不思考便是一个不合格的领导干部。学习是思考的基础，思考是学习的深化。只学习不思考，就会被知识的表象所蒙蔽；只思考不学习，就会因为疑惑而更加危险。只有勤于学、敏于思，做到勤学善思、知行合一，才能成为一名优秀的领导干部。

要养成终身学习的习惯。知识经济时代，各种新知识、新情况、新事物层出不穷，知识更新的速度也越来越快。领导干部要增强学习的动力，变“要我学”为“我要学”。既深入系统、全面地学习一切优秀知识，不断掌握新知识、熟悉新领域、开拓新视野；又紧扣时代脉搏贴近岗位要求，在推动发展所需所缺、领导干部应知应会、本职工作必懂必备上专心致志学习。有针对性地弥补精神软肋、知识弱项、能力短板和经验盲区，坚持活到老、学到老，使自己的知识结构不断趋向合理，真正做到学在前面、走在前列。

要在研究状态下工作。当干部要有经验，但光有经验还不够，“经验的一半往往是失误”。新形势下情况变化太大、太快，关键是要学习思考研究，处处留心皆学问。要把思考研究作为分析问题的一种工作理念、工作方法，多调查研究少主观臆断，多思考少浮躁。在思考研究中吃透上级的决策部署，在思考研究中把握工作规律，在思考研究中提出解决问题的办法措施，融会贯通、举一反三，把学习成果体现到素质能力的提高上，体现到对主观世界的改造上，体现到工作能力和水平上，在实践中检验学习的成效。

## 要有公道正派、秉公用权的形象

大道之行，天下为公。公平正义是权力使用的根本标准。对领导干部来说，天下为公首先要做到公道正派。不是自己的东西，不是家里的东西，都要按规矩办，以“公”为“道”，不偏不倚；持“正”为“派”，不歪不斜，正确对待是与非、公与私、真与假、实与虚，心系万家忧乐、民生冷暖，不能总是惦念着自己那点狭小的、自私的、有限的快乐。

不徇私情、不谋私利、不讲私语。不徇私情，就是要实事求是、客观公正，严格按政策办事、按程序办事、按规矩办事，不掺杂个人私心杂念，一碗水端平，一把尺量准。不谋私利，就是要树立正确的权力观、地位观和利益观，不以私利废公事，不拿原则做交易，时刻保持如临深渊、如履薄冰之感，不存非分之想，不越雷池半步。不讲私语，就是要时刻保持清醒头脑，不符合党性原则的话不说，不符合政策要求的话不说，违反纪律、有违规矩的话不说，影响团结的话不说，不妄评乱语、不信谣传谣。

公正用权、依法用权、为民用权。领导干部的权力是党和人民赋予的，姓“公”不姓“私”，有权不可任性。要公正用权，把权力当责任，对党负责，对国家和人民负责。坚决抵制和反对各种关系学、厚黑学、官场学、潜规则等庸俗腐朽政治文化的侵蚀，去庸俗、远低俗、不媚俗，做到公平、公正、公开，不让权力这把“双刃剑”砍倒自己。要依法用权，牢固树立法律面前人人平等、制度面前没有特权的意识，给权力运行画红线、布雷区，恪守权力边界，做到用权有原则、办事守规矩。要为民用权，始终牢记自己的本分，任何时候任何情况下都要以人民利益为重，真正做到立身不忘做人之本、为政不移公仆之心、用权不谋一己之私。

## 要有攻坚克难、担当作为的形象

“为官避事平生耻。”攻坚克难、担当作为是不畏艰难、应对挑战、勇于担当、敢于胜利的坚定信心和昂扬斗志的综合表现，是共产党人先进性和纯洁性的重要体现。“狭路相逢勇者胜”，干工作就要敢于面对困难，敢于挑战，才能在困局、危局、难局中“杀出一条血路”。

不以事艰而不为，不以任重而畏缩。“率军者披坚执锐，执戈者方能战不旋踵。”没有一点“闯”的精神、“冒”的精神，就走不出一条好路、新路，就干不出新的事业。要做“狮子型”干部，不做“鸵鸟型”干部，干事不避事、担责不塞责。面对矛盾和问题敢于挺身而出、迎难而上、率先破题，面对急难险重任务要豁得出来、顶得上去，面对各种歪风邪气要敢于较真、敢抓敢管。

要拎着乌纱帽干事，不要捂着乌纱帽当官。愿不愿直面问题，敢不敢跳进矛盾旋涡，考验的是党性觉悟，检验的是领导水平。在其位就要谋其政，行其权就要担其责。领导干部要深刻认识自身肩负的责任和使命，以“铁肩担道义”的果敢和“妙手著文章”的自信，努力做到日常工作能尽责、难题面前敢负责、出现过失敢担责，切实把立党为公、执政为民的职责落到实处。

要练就“逢山开路、遇水架桥”的本领。面对新形势、新任务、新挑战，攻坚克难、担当作为必须提高素质修养、增强能力本领，既要有宽肩膀，还要有铁肩膀，练就“几把刷子”。要防止只有上前的意识状态、而缺少上手的知识能力。努力增强学习本领、政治领导本领、改革创新本领、科学发展本领、依法执政本领、群众工作本领、狠抓落实本领、驾驭风险本领，提高专业化能力，加快知识更新、强化实践锻炼、加强总结提升，使专业素养和工作能力跟上时代节拍。

# 领导干部要拥有好心态

心态就是性格加态度，是人的思想、情绪、意志、性格、能力等综合素质的集中反映。对领导干部来说，心态既包括从政心态，也包括生活心态。进入新时代，面对风云变幻的国际形势和日新月异的国内形势，领导干部只有自觉培育积极健康的心态，始终保持奋发进取的精神状态，才能抓住机遇、迎接挑战，完成党和人民赋予的任务。

学习的心态。学习是人生智慧的“第一本源”，是储备知识的唯一途径，是核心竞争力之一。领导干部必须保持强烈的忧患意识和持续恒久的求知欲、上进心，想方设法学习充电，抓住机会锻炼提高，方能大有作为。先有输入，才有输出。21 世纪是一个学习、创新的世纪，知识更新迭代的周期越来越短。知识改变命运，学习决定未来，善于学习就是善于进步，停止学习就是停止进步。面对新时代的发展特点，已有的专业结构、知识储备不可避免会出现空白和盲区。只有理论钻研不放松、业务攻关不懈怠、能力提高不止步，才能成为文武兼备、能谋善断的复合型领导人才。

坚持的心态。坚持的心态是遇到坎坷时表现出来的，是不管遇到什么困难都选择去坚持，直到突破瓶颈，坚持到底的精神。政贵有恒，领导干部抓工作、干事业，既要有干劲，也要有韧劲；既要有动力，也要有定力。恒心比决心更重要。古语云，“锲而不舍，金石可镂”，“精诚所至，金石为开”。事物发展是一个曲折的、渐进的过程，只有量的不断积累，才能发生质的变化。就如登山，当你觉得异常艰难的时候，也许你正在走上坡路，多坚持一下，说不定就到山顶了。锚定目标，永不言弃。千里之行，始于足下；不忘初心，方得始终。领导工作无小事，事事关乎大局。只有耐得住性子，才能成得了大事。新时代是奋斗者的时代，只有初心如磐、使命在肩，保持坚韧不拔、滴水穿石的钉钉子精神，才能将每一项任务干好、干成、干出彩。

合作的心态。合作的心态是与他人相互配合并共同完成某项任务的境界。合作可以聚集力量、启发思维、开阔视野，激发创造力和奉献精神，克服重重困难走向成功。一个人走得快，一群人走得远。红军长征依靠相互帮助与相互协作创造了伟大奇迹。仅依靠一个人的力量，是不足以成就大事的。领导干部作为“领头雁”，就要带领干部群众，为共同的目标和理想去努力奋斗，遇事多协调、多沟通，大事讲原则、小事讲风格，发挥“1＋1＞2”的效应，发扬集中力量办大事的协作精神，通力合作、共克难关，才能在前进的道路上行稳致远。合则共赢，分则俱损。合作是一种双赢思维，双赢才是最大的赢家。在一个地方、一个单位，领导班子的高效合作是事业发展的基础。只有心往一处想，劲往一处使，才能充分发挥班子的凝聚力和向心力，实现互利共赢。

勤勉谦恭的心态。勤勉谦恭就是放低自己的姿态，摆正自己的位置，脚踏实地、守好本分。按本色做人，按角色做事。做人要谦虚谨慎、实实在在，做事要勤勤恳恳、稳稳当当。不管周围环境发生怎样的变化，不变的是一如既往的理想追求、矢志不渝的做人原则。领导干部也是一种特殊的角色，承担着相应的责任。尽职尽责地把事情做好，需要的是态度和能力，展现的是一种专注和果断。立足实际，踏实做事，才能迈向成功。立足眼前，活在当下。未来遥不可及，立足当下最为重要。光明的未来，没有当下一步步打好的基础，肯定就是黄粱一梦。从政做人不要总想着结果，要注重享受过程。要做好当下的事、处好当下的人、把握好当下的时间，克服工作中的避实就虚、心浮气躁，避免实功虚做、急功近利，一步一个脚印地推进工作，以真抓实干赢得群众的信任与肯定。

乐观豁达的心态。乐观豁达的心态就是对事业与前途充满希望与信心的观点和态度。面对逆境不消极悲观。人生不会总是一帆风顺，磨难是一笔财富，失去是一种获得。领导工作任务艰巨、责任重大，在遭遇挫折和困难时，更需要有一颗乐观豁达的心来应对是非、曲直、真假，学会把目光盯在积极的一面，坚信所有的不如意都终将过去，所有的乌云之后都必定有阳光。要做好经风历雨的心理准备，不怨天尤人、不萎靡消沉，知难而上、越挫越勇、永不言弃。得意不忘形，失意不失态。古人云：“不以物喜，不以己悲。”人之心胸，多欲则窄，寡欲则宽。舍得舍得，有舍就有得；得失得失，有得就有失。要把个人名利看淡、个人得失看轻，切不可忘记初心，追名逐利，失去本真。对待金钱、权力及职务升迁要保持一种大度洒脱、淡泊名利的态度，以平常心对待个人得失，无愧于党和人民的信任。

敢于挑战的心态。挑战是敢于“自我否定”，是一种倒逼，它能让我们不安于现状，不因循守旧。无限风光在险峰，突破难题就是创新。领导干部要学会把追求卓越当成一种习惯，不甘平庸，不惧风险，不断披荆斩棘，敢于大胆改革创新，最终到达更高的境界。要敢于“自我否定”。事物的发展总是螺旋式上升和波浪式前进的。“自我否定”的过程，就是完善自己、提高自己的过程。只有勇于“自我否定”，才能在自省和自觉中找准不足，增强动力，谋划出路。要敢于“否定”过去所做的，要敢于直面问题，主动向自己“动刀子”，自觉去污排毒、吐故纳新，不断修正错误、克服不足、弥补缺陷。要勇于自我革新。自我革新是一种科学的规划，也是适者生存的规律和法则。当今世界日新月异，只有不断进行改革创新，才能跟上时代的步伐。要有自我革新的勇气和胸怀，以敏锐的思维、独到的眼光，敢为人先，创新突破。

宽厚容人的心态。正直、善良是做人之基、从政之道。有了良好的人品作底子，做人才有底气，做事才会硬气，做官才有正气。心有多大，舞台就有多大。思想决定行动，观念主导成败。心小了，小事就大了；心大了，大事都小了。一个人的心胸越宽广，眼界也就越大，看待事物的角度与方法也就不同。对待事物抱有豁达的心态，才能走得长远，获得更大的发展空间。要始终坚持以党和人民的事业为重，襟怀坦白、光明磊落，讲党性、讲原则，始终与人民同呼吸、共命运、心连心。做事要精明，做人要厚道。厚道乃做人之本，精明乃成事之道。一个人的快乐，不是因为拥有得多，而是计较得少。要始终把人民放在心中最高位置，多办利民之事，脚踏实地工作，厚道本分做人，为人民敢啃最硬的骨头、敢挑最重的担子。

诚实守信的心态。诚与信相融相通，基本都包含了诚实无欺、信守诺言、言行相符、表里如一的含义。从儒家为人之道的中心思想到社会主义核心价值观，诚信始终是立身处世、治国理政的重要品德。人而无信，不知其可。人无信不立。诚者有信，信则有誉。小信成则大信立。做一个有诚信的领导干部，首先得是一个负责任的人，脚踏实地，说到做到，不夸夸其谈、不轻言许诺。践踏自己的信用，无异于拿自己的人格作典当。诚实无破绽。“诚”要求领导干部树立为人民服务的远大志向和对理想价值的执着追求，做到言行相符，对同事秉持坦诚，对群众心怀真诚，将“诚”内化于心。要珍惜组织的信任和培养，诚实地对待一切，把利民举措真正落实到位，做思想务实、生活朴实、作风扎实的老实人。

心态决定状态，心态影响行为。领导干部要不忘初心、牢记使命，坚定干事创业信心，焕发干事创业激情，树立好形象，传递正能量，走好新时代的长征路，从而更好地履职尽责，为党分忧、为民服务，向党和人民交出一份优异的答卷。

# 领导干部要养成好习惯

习惯不是与生俱来的，而是人们积久养成而不易改变的生活方式。古人云："习惯之始，如蛛丝；习惯之后，如绳索。"好习惯是人生的助推器，能使人终身受益；坏习惯如同人生的枷锁，使人深受其害。领导干部重在以理服人、以行带人，必须以更严更高的标准要求自己，努力养成好习惯，更好地肩负起"领"与"导"的重任。一名优秀的领导干部应当努力具备以下好习惯。

不停止学习。"刀不磨会生锈，人不学会落后。"好学才能上进。当今世界，知识爆炸、信息核变，世界多极化、经济全球化和科技进步日新月异，不学习就跟不上时代进步的潮流。领导干部只有永不自满、永不停滞，坚持不懈地学习，自身综合素质和能力才能不断提高，也才能不断增强领导工作的科学性、规律性、时代性、创造性。学者非必为仕，而仕者必为学。学习力是一个人的核心竞争力。"天下未有不学而成者也。"一个人的学习力是影响和决定其素质高低、能力强弱的前提和基础。能否坚持学习是人与人之间拉开差距的重要因素。学习上的投入是人生极富价值的投入。领导干部学习能力的强弱，不仅直接反映出领导水平的高低，还事关能否肩负起引领事业发展的重任。只有养成重视学习、善于学习的习惯，先学一步、深学一层，才能“先知先觉”，才能及时总结经验、深刻揭示规律、科学预见未来；才能科学正确决策、不折不扣抓好落实，取得卓有成效的业绩。领导工作千变万化，领导干部要做到“驾轻就熟”“游刃有余”，就必须把学习作为一种习惯，带头持之以恒学，在学习中感悟人生、提升境界，开阔视野、丰富知识，把握规律、探求真理，使自己变得更加充实、更加睿智，提高科学思维能力、综合决策能力、驾驭全局能力。带头突出重点学，针对知识盲区、经验不足、能力短板，坚持干什么学什么、缺什么补什么、做什么精什么，与时俱进地学习新理论、新知识、新经验，提高工作的知识化、专业化、精准化水平。带头优化方法学，向书本学、向实践学，向群众学、向领导学、向专家学，带着问题学、深入思考学，在学中干、在干中学。

自觉自律。领导干部素质的高低主要体现在自觉自律上。领导干部一言一行都事关重大且备受关注，还会产生示范效应，更应当努力养成自觉自律的好习惯。自律者出众，自觉者优秀。自律的人，坚守原则和底线，不放纵自己、不随波逐流，善于慎独慎微，勤于自警自省，从而开启智慧、端正品行，使思想和心智不断成长和成熟。自觉的人，会发自内心地主动作为、积极有为，无须外界施压。人一旦进入自觉自律的境界，就会很享受做事的过程，再也不会患得患失。但凡出众、优秀之士，都是坚持自律，最终把自律变成自觉习惯的人。从心所欲不逾矩。领导干部善于通过设定崇高目标、精准聚焦目标来规范和约束自己的行动。划出“高线”和“底线”是领导干部实现目标的前提和基础，必须把遵守规矩变为一种习惯。要慎权，把掌握权力看作为集体或组织干事创业的手段和平台，绝不以权压人、以权谋私；要慎独，在无人监督的情况下坚持原则、恪守道德，洁身自好、干净做事；要慎微，在细微处严格要求自己，注重小节，防微杜渐。

敢于跨越自我。跨越自我就是善于认识自我、敢于挑战自我，不断修正错误、追求卓越、超越自我的过程。领导干部只有敢于跨越自我，发扬自我革命精神，才能实现自我突破、自我完善、自我提高。自己是自己的最大障碍。决定事物发展的因素有内因和外因两个方面，而起决定性作用的是内因。人们经常会被自己的认知水平、性格心态、习惯经验等限制，无法跳出自身看自身。究其原因，在于没能正确认识评价自己，不知道自己有什么长处或短板，不知道该干什么、能干什么，甚至不知道自己的方向目标；在于不能正视自己，乐于让别人羡慕夸赞，而忽视自身存在的缺陷、弱项，喜好成功，忌讳失败；在于没有勇气突破自己，思想僵化、观念落后，丧失追求进步的信心勇气。唯有全面正视自己、客观评价自己、坚强战胜自己，才能干成一番事业。革别人命易，革自己命难。一个人不论有多少缺陷短板、犯了什么过失错误，只要不讳疾忌医，敢于直面问题，勇于自我革命，就能够具备自我修复的能力。领导干部要实现自我跨越，必须敢于直面问题，勇于自我解剖、自我净化，乐于清除思想杂质、内心杂音；必须增强自我革新的能力，认真查找并纠正自身存在的循规蹈矩、求稳怕变，不思进取、裹足不前，因循守旧、墨守成规等不符合创新要求的思想和行为；必须增强自我提高的能力，不满足、不懈怠，加强学习实践，不断提高能力素养，主动向自身短板、顽瘴痼疾“动刀子”。百尺竿头，更进一步。人不可能完美无缺，学识能力也不可能“一朝学成、一生不愁”。领导干部只有不断地战胜自我、超越自我，才能取得新进步，更好地担负起职责使命，推动事业不断进步发展。

克服拖延症。拖延通常是指做事慢慢吞吞、拖拖拉拉，不按期完成工作，长此以往养成了拖延症这种坏毛病、坏习惯。领导干部必须强化现在就做、马上就办的理念，凡事雷厉风行，保持快节奏、追求高效率。立即行动，马上就办。遇事不能懒惰，也不能一味地追求完美而纠结于有万全之策再行动，或者等有了十足把握才去做，这样很难采取实际行动，可能会一直拖延下去，造成决策落空或者被动应付。再好的决策也经不起拖延，离开了执行，决策将成为“镜中花”“水中月”。领导干部不仅是科学的决策者，还是决策的执行者，更是落实的示范者，要践行马上就办的理念，保持时不我待的紧迫感、狠抓落实的责任感，定了就干。对急难险重工作，超前思考、提前介入，尽可能快半拍，不能被动等待。“日事日毕，日清日高。”这是海尔公司最早提出的管理口号，就是说今天的工作必须今天完成，今天完成的事情要比昨天完成的事情有质的提高，明天要达成的目标必须比今天达成的目标更高。时间观念、效率观念至关重要，领导干部要养成日清日结的工作习惯，在有限时间内高效工作，完成既定的目标，坚决克服拖延症，坚决避免把小事拖成大事，坚决做到今日事今日毕。

责无旁贷。意指自己应尽的责任不能推卸给别人。对领导干部来说，责任是与生俱来的、不可推卸的，责无旁贷意味着尽责和担当。领导就是责任，责任重于泰山。责任意识是一个人立足现有岗位、开展一切工作的基础，体现着其爱岗敬业的精神、敢于担当的品质、建功立业的动力和不辱使命的境界。一个人就算学识再高、能力再强，如果缺乏责任感、没有责任心，终不堪大用。领导干部是一个地方、一个单位、一项事业中的“关键少数”，岗位特殊、职责重要，强化责任意识、尽好应尽之责，是天经地义的事。守土有责、守土负责、守土尽责。尽多大责任就会有多大成就。领导干部知责守责是基本，担责负责是义务，尽心尽责是要求。要熟悉自己的“责任田”在哪里，细化责任、细化分工、细化目标，多管齐下，把“田”管好。面对艰难险阻、矛盾问题，要迎难而上、挺身而出；面对急难险重任务，要冲锋陷阵、临危不乱；面对大是大非抉择，要保持定力、掌控全局；面对失误、错误，要敢于担责、勇于负责。“工欲善其事，必先利其器。”领导干部要努力提升技艺和本领，锤炼韧劲和耐心，磨砺意志和品格，不断提高履职尽责的能力，把心操到、把责尽到、把工作干好。

# 领导干部要培养好性格

性格影响行为方式。从事与自己性格不匹配的工作，个人的才能会受到阻碍，会让人觉得整个工作的体验感很差。职位不同、岗位不同，对性格的要求也就不同。领导工作具有自身特殊性，要想做好，必须具备一些与其岗位要求相匹配的性格特征。领导干部应着重培养以下几种好性格。

刚中有柔、刚柔并济的性格。对于打仗来说，刚中有柔、刚柔并济是很好的克敌之法。从事领导工作也一样，过刚易折、过柔则靡。一个地方、一个单位，人员众多、性格迥异，一味地宽厚仁慈，就会难以约束，形不成战斗力；如果对人太过严苛，就会毫无生气，让人战战兢兢，就没有亲和力。刚中有柔、刚柔并济才能更好地驾驭工作局面。一张一弛，刚柔有度。刚如利剑，但易碎是其致命缺陷；柔如流水，但一味柔顺也难以持久。领导干部过软，就会政令不通、带不好队伍；过刚，则会使人望而生畏、敬而远之。做任何事情都有一个适度原则，把握好度的平衡，才能使管理顺畅而有效，否则就容易事与愿违。要准确把握刚与柔的辩证关系，刚而不露、不直、不愎，柔而不弱、不娇、不软，既要形成一定的压力，又要使下属不过于紧张，坚持有张有弛、灵活适度。严管厚爱，恩威并施。恩不施无以立威，威不施无以治事。刚柔并济关键在于不偏私、不失信，赏要赏得众望所归，罚要罚得心悦诚服。要善用激励之法鼓舞士气，在评先评优、表彰奖励、职务晋升、职称评聘等方面让奋进者脱颖而出；用好容错免责机制，为敢于担当的干部撑腰鼓劲。要善用惩罚之法鞭策下属，用好监督问责武器，把制度机制作为立威明矩的“压舱石”，使守纪者畅行，给散漫者订立边界。

知人之智、自知之明的性格。“知人者智，自知者明。”有大智慧的人能够洞察别人的优缺点，以他人为镜，审视自己秉性之长短，择善而从。知人是必要前提，领导干部若不能知人善任，会贻误事业。刘邦能知人，根据张良、萧何、韩信各自的特点，才尽其用，最终建立了大汉政权。自知是更高修为，是提升自我的重要手段，只有对自己有深刻的了解，才能找到自身症结，从而对症下药。“千里马常有，而伯乐不常有。”天下没有无用之物，只有用之不当之物；世间没有无用之才，只有用之不当之才。知事识人是基本功，知人不深、识人不准，往往会出现用人不当、用人失误。领导干部担负着识人用人的重任，必须摒弃个人主观上的亲疏好恶，拓宽选人视野。从事业需要、工作需要出发，坚持“研究人”与“研究事”相统一，知事识人、依事择人。把功夫下在平时，经常性、近距离、有原则地接触干部，多渠道、多层次、多侧面地了解干部，全面、历史、辩证地认识干部，做到用当其时、人岗相适、人事相宜。人贵有自知之明。自知，就要充分了解自己的脾气秉性、人格修养、能力水平，有清醒的自我认知和自我定位，从而扬长避短。要勤于自省，时刻剖析自身存在的问题，反省工作中存在的过失。饱满的穗子总是低着头，骄傲的人容易失败。不要不把自己当回事，也不要太把自己当回事，有权但不弄权，有个性但不任性，时刻虚怀若谷、放低姿态。

机动灵活、善于应变的性格。“世界潮流，浩浩荡荡，顺之则昌，逆之则亡。”时势在胸，才能把握根本；运筹帷幄，方可从容应对。领导干部能不能适应时代潮流、跟上形势变化，干事创业是机械死板还是机动灵活，决定了工作成效甚至成败。只有头脑清醒、知形识势、机动灵活的领导干部，才能时刻根据客观变化调整主观行动，在下“先手棋”中布局“一盘棋”，不断增强工作的系统性、预见性、创造性。“兵无常势，水无常形。”用兵常胜之道在于多变，“能因敌变化而取胜者，谓之神”。领导工作也是一样，思想观念、工作思路和工作方法必须跟上形势的变化，拘泥于老经验老做法、简单机械套用政策规定是解决不了问题的。如果想问题、办事情不能从发展变化的实际出发，而是习惯于用老思路解决新问题，那么越是苦干蛮干就越是南辕北辙。应势而动，顺势而为。世界上唯一不变的就是变化本身。自然界亿万年来斗转星移、沧海桑田，都是适者生存、不适者被淘汰。面对新时代新形势新情况新问题，机械保守、因循守旧、不与时俱进，肯定要出局。要具有世界眼光、历史眼光、战略眼光，善于随着身边事物变化而调整适应，不断破除与新时代不适应、不相符的思想、理念、思路和方法；要认识规律、找准规律、遵循规律、运用规律，变被动为主动。当然，灵活应变不是见风使舵、放弃原则，也不是当“墙头草”“变色龙”，而是在不断保持战略定力、始终坚守原则底线的基础上，因势利导、借势而起、乘势而上，从而开拓新局面、创造新辉煌。

平易近人、关心他人的性格。日常工作生活中，人们经常用“平易近人”这个成语形容领导干部为人平和谦虚、和蔼可亲。好干部，必须先是一个好人，一个懂得平等待人、关心他人的人。当官一阵子，做人一辈子。领导干部只是一时的工作身份，都有退休的一天，群众身份却是一世的。我们穿百姓之衣、吃百姓之饭，自己也是百姓，是人民中的天然一员。要始终坚守做人本色，淡化“官念”，拒绝“特权”，把平易近人融入一举一动、一言一行之中，使之成为一种自然而然的流露，一种自觉的行为方式，做心中有民的好干部，做和蔼可亲的好领导。不要放过关怀别人的机会。爱人者，人恒爱之；敬人者，人恒敬之。领导工作靠压、靠吓是不行的，现代管理中频频出现领导危机，很大程度在于人心的流失。要用“春天般的温暖”对待群众，以亲人般的关心爱护身边的每一位同志，这样才能形成凝聚力、影响力。既要盯住给群众雪中送炭的大事，切实解决群众最急最忧最盼的问题，也要多做送温暖的小事，让身边人真真切切感受到温暖，真正成为知寒知暖的贴心人、解忧帮困的热心人，达到依靠人格魅力凝聚人、领导人的高境界。

乐观自信、向上向善的性格。人生是一场没有回程的旅行，始终以“现场直播”的状态不断向前。与其悲观怯懦、怨天尤人、浑浑噩噩过一生，不如每天笑对人生、奋勇争先，做一个有益于别人和社会的人，不枉在人世间走一遭。翻开古今中外一些杰出人物的传记，他们都有一个共同的特点，就是永远有一颗乐观自信、向上向善的心。这是一种巨大的正能量，可以让世界充满阳光，是国家民族生生不息、昂扬奋进的力量源泉，是个人成长进步的意志基础。乐观自信才能自胜和胜人。乐观自信的人，不会轻易被困难挫折打倒，他们善于从困难之中孕育出希望，从挫折之中点燃亮光。领导干部身上的乐观自信，具有强大的示范引领作用和感染力、穿透力，可以影响一片、带动一方，能够提高工作成效，直至取得事业的成功。要始终保持积极昂扬的态度，在千斤重压下提振精气神，在矛盾问题前挺起胸膛，真正把问题踩在脚下，把困难甩在身后。做向上向善的行动派。向上向善是一个国家昂扬前行的强大精神支撑，是一个民族生生不息的道德滋养。它是一种世界通用的语言，是灵魂深处最美的音符，是全人类共同的价值取向。道不可坐论，德不可空谈，有一分热要发一分光。要大力弘扬跨越发展、争创一流，发扬比学赶超、奋勇争先精神，把向上向善融入日常生活，昂扬向上、奋发有为，扶危济困、救难暖心，让“人人皆可为尧舜”的理想变为蔚然成风的社会现实。

# 领导干部要不断磨炼自己的意志

认知、情感、意志是人类心理活动的三种基本形式，相应地，人的综合心理素质也可以分解为认知素质、情感素质和意志素质。意志作为一种特殊的、针对行为活动方面的情感，对行为有发动、坚持、制止、改变等控制调节作用，是人类独有的心理活动形式。领导工作纷繁复杂，没有坚强的意志是无法做好的。当然，意志也不会随着年龄的增长或是职位的提高而自然增强，必须要在长期的工作实践中一步步磨炼。

不折不扣履行当下的职责。职务就是责任，岗位也是责任。好干部是学出来的、干出来的，也是在履职尽责中磨砺出来的。只有始终勤勉尽责，才能在平凡中孕育非凡、在细小中成就伟大。担任了领导职务就必须履职尽责。有权必有责，有责要担当，这是天经地义的道理。要守土有责、守土负责、守土尽责，对自己职责范围内的事敢担当，始终出于公心做事，个人得名获利的事少做，担责补缺的事多做，人在岗上、心在责上，尽心尽力干到最好。要把工作当事业，干一行就要成为内行。做任何工作，只有始终对它抱有兴趣、保持热爱，才会为它执着坚守、倾注热血，才能做好做成功。要立志干大事，而不要立志做大官，始终秉持“为官一任、造福一方”的理念，勇于担责、敢于负责，干一行爱一行、钻一行精一行、管一行像一行，不遗余力、不打折扣，在学习实践中努力把自己磨炼成本领域、本行业的行家里手，创造出经得起实践、人民和历史检验的实绩。

管住自己的思想和言行。领导干部的重要职责是管好别人，但前提是先要管住自己。一个人如果管不好自己，总是由着自己的性子来，不要说干好事、干成事，就是不出事、不坏事都很难。放任自己，一事无成；管住自己，行稳致远。管住自己，首先就要管住自己的思想，因为思想是行动的先导，有什么样的思想就有什么样的言行。唯有管住自己的“心”、管住自己的“口”、管住自己的“手”，才能成为一个好人、好党员、好干部。要管住自己，至关重要的是不断地修炼、磨炼。“欲修其身者，先正其心。”心正，行亦正。把稳思想之舵，言行不出格、不逾矩，首先就是要正心，解决好世界观、人生观、价值观这个“总开关”问题。要坚守政治信念，加强党性修养，自觉做到生活上知足、工作上知不足、进取上不知足，不比条件比干劲、不比享受比奉献，把名看虚些，把利看淡些，常怀感恩之心、少生非分之想，常怀平常之心、少生攀比之想，常怀自律之心、少生贪婪之想，把更多的精力用在地方经济社会发展上，用在全心全意为人民群众服务上。

坚忍顽强、越挫越勇。人生如山，有巅峰也有低谷；事业如河，有缓流也有漩涡。在前进的道路上，我们难免都会遭遇艰难和坎坷，只有意志顽强的人，才能翻山过河，最终收获胜利的果实。为官从政也是如此。害怕失败比失败更可怕。困难和挫折并不可怕，害怕困难和挫折才最可怕。面对困难，要以“乌蒙磅礴走泥丸”的气概，知难而进不言难，勇于探索、敢于攻坚、善于克难，即使遭遇了挫折，也要及时调整心态，善于从中吸取教训、审视不足，不断补足短板、改正错误，逢山开路、遇水架桥，坚持奋斗下去，就会离成功越来越近。“千磨万击还坚劲。”历史长河奔涌浩荡，唯奋楫者先；时代车轮滚滚向前，唯抗挫者强。红军“四渡赤水”创造传奇，邓小平同志“三落三起”铸就伟业，都生动诠释了事业成功贵在坚持、败在放弃的不变真理。要始终坚定必胜信心和决心，以从哪摔倒就从哪爬起来的韧劲和“敢教日月换新天”的意志，历经磨难初心不改，踏平坎坷成大道，斗罢艰险又出发，努力攀登人生的高峰。

坚持不懈、持之以恒。干事业好比钉钉子，只有一锤接着一锤敲，钉牢一颗再钉下一颗，不断钉下去，才会大有成效。抓工作落实，贵在持之以恒，也难在持之以恒。“罗马城不是一天建成的。”干事创业就像接力赛，一人接一人全力跑，才能取得好成绩。领导工作也如此，不是一朝一夕、一蹴而就的，有的工作需要好几年甚至好几届领导班子传承接力才能做好，不能急于求成、心浮气躁，更不能失去恒心、半途而废。要一块砖头一块砖头地垒，一铲沙子一铲沙子地加，一茬接着一茬干，一点一点坚持下去。山西省朔州市右玉县20任县委书记，带领人民种树70年如一日，让一片林木覆盖率不足0.3％的沙洲变成绿水青山。政贵有恒，治须有常。领导干部要想干出真政绩，必须把“恒”字深深镌刻在干事创业的基座上，既大胆创新、锐意进取，又始终保持工作的稳定性和连续性，正确处理好潜绩和显绩的关系，多在短时间看不见、难出成绩的基础工作上下笨功夫，一件事接着一件事抓，一任接着一任干，不因时空环境的变化而松懈，才能把好事干好、实事干实。

不畏其难、不厌其烦。为官者权责相系、苦乐相悖，本就是件烦事、难事、苦事。如果耐不住烦、受不得苦、顶不了难，就没法当好领导干部。“为官避事平生耻。”当干部就得尽责任，既要攻得了难，还需耐得住烦，才能把握机遇、应对挑战。居官以耐烦为第一要义。耐烦，就是不厌烦，是一种修养，表现在外，是平实务实；蕴藏于心，是沉潜努力。领导工作点多面广，既要干好手头的工作，又要加强上下左右的协调，还要处理好干部群众反映的大事小事，每天都在和“烦琐”“繁杂”“烦冗”打交道。要全面提升心理承受力、综合协调力、局面把控力，不断锤炼耐心和韧性，静下心、沉住气，厘清头绪、辨明轻重、分清缓急，有条不紊地处理好每一件事情，才能不为琐事所烦，才能经得住磨炼。天下无难事，只怕有心人。遇到难事就主动作为，迎着困难上，朝着矛盾去，只要以滴水穿石之志攻坚克难，勇攀高峰，就没有干不成的事。

笃定自信，稳得住心神。领导干部是带领群众战风险、渡难关的“主心骨”，关键时刻必须能够豁得出来、顶得上去，敢拍板、善决策，任何的惊慌失措、患得患失都有可能错失良机、激化矛盾。关键时刻的沉稳决断，既有随机应变的灵活处置，但更多的是内心的笃定自信。一个人内心笃定，就能稳得住心神，回归安宁，不再彷徨，找到前行的正确方向，矢志不渝向前走；充满自信，就会让人有勇气、有力量，就能战胜前进过程中的艰难险阻，让自己走得更平顺一些。一个人只有清楚地认识自己的人生定位，潜下心来、苦心修炼，耐得住清贫、受得住寂寞，才有可能等来属于自己的那个高光时刻。增强定力，“咬定青山不放松”。改革越深入，越面临重重困难、处处险阻。要始终以高度的战略定力坚持正确的前进方向，排除各种干扰，不惧风吹浪打，以坚定不移的决心、一鼓作气的气魄和求真务实的行动，确保改革取得成功、工作向前推进。

唯有意志坚如钢，才有脚下路绵长。新时代新使命，我们前进的道路上仍有许多“雪山”“草地”需要跨越，仍有许多“娄山关”“腊子口”需要征服，一切贪图安逸、不愿继续艰苦奋斗的想法都是要不得的；一切骄傲自满、不愿继续开拓进取的想法也是要不得的。只有始终保持滚石上山不松劲的精神，主动到基层一线去，到问题和矛盾多的岗位去，勇挑最重的担子，敢啃最硬的骨头，善接最烫手的山芋，加强自我磨炼，注重实践锻炼，在实践中把意志变成斗志、把经历变成经验、把阅历变成能力，形成积极坚定的世界观、人生观和信仰信念，才能在为官从政的道路上行稳致远。

# 党员干部如何练就金刚不坏之身

习近平总书记强调，全体共产党员要坚守崇高信仰，练就金刚不坏之身。今天，我们比历史上任何时期都更接近、更有信心和能力实现中华民族伟大复兴的目标。党员干部练就了金刚不坏之身，才能做到百毒不侵、百折不挠，在大是大非面前旗帜鲜明，在风浪考验面前无所畏惧，在各种诱惑面前立场坚定，在关键时刻靠得住、信得过、能放心。金刚不坏之身不是说练就就能练就的，需要内因、外因共同发力，一靠个人努力，二靠组织培养。练就金刚不坏之身不是一个口号，它是具体的、实在的，是党员干部对自身理想信念、党性修养、道德品行等方方面面循序渐进的升华和完善，需要在漫长的工作和生活过程中不断修炼。

## 修“四课”，练好基本功

知识有个半径问题，半径越长，接触到的东西越多，发现不懂的东西就会越多。这就要靠学习，党员干部工作的过程，其实也是一个“求学”的过程。要练就金刚不坏之身，首先必须修好以下“四门课”。

接地气，修好基层实践课。习近平总书记指出：“基层跑遍、跑深、跑透了，我们的本领就会大起来。”只有深入基层了解真实情况，我们的工作才会更有成效。一个党员干部要是不接地气，就掌握不了基层实际情况，工作思路和方法就很可能脱离实际，自然也就很难受到群众欢迎。要深入基层搞调研。迈开双脚到基层走走看看，沾沾“泥土味”，与群众面对面交流，了解群众所思所急所盼，及时掌握第一手资料。要深入实际磨意志。坚决摒弃“混基层”、“攒经历”的“镀金”思想，培养对老百姓的感情，真正融入当地，与基层干部群众并肩作战，为群众办实事、解难事。要深入群众之中强素质。要把基层和所经历的每一个岗位作为大课堂，向群众学习，与群众打成一片，把为人民服务的宗旨体现到履职尽责的一言一行之中，成为带领群众干事创业的主心骨、“领头羊”。

长才气，修好本领提升课。练就金刚不坏之身不光要有德，还要有才，也就是要本领过硬。《晋书》记载，东晋书法家王羲之的儿子王徽之，曾在车骑将军桓冲手下担任骑曹参军。一次外出巡视，桓冲问王徽之管理哪个部门、有多少马匹等，他竟答非所问，全然不知。现实中，类似“骑曹不记马”的干部并不少见，他们面对新情况新问题，由于不懂规律、不懂门道、缺乏知识、缺乏能力，要么不会干，要么习惯用老思路老套路来应对，要么干脆蛮干盲干，结果不是不对路子，就是事与愿违。俗话说，“软肩膀挑不起硬担子”。党员干部要把学习力作为核心竞争力。将学习作为自觉的、经常性的、不可间断的任务，作为一种生活方式、精神追求。要勤于学习，还要善于学习，通过学习不断优化知识结构、不断完善知识体系，适应新时代、践行新理念、迎接新挑战、打开新局面。

炼志气，修好作风建设课。习近平总书记曾引用“志之所趋，无远勿届，穷山距海，不能限也。志之所向，无坚不入，锐兵精甲，不能御也”，诠释立身要有志气、做人要有志向。要在胸中扬起浩然正气。志气涵养着理想，志气塑造着人生。看一个党员干部有没有志气，关键就看其作风如何。要坚持“干”字当头。拿出一股子勇于担当、奋发有为的劲头来，敢于同强的比、向高的攀、与勇的争、跟快的赛，以“狭路相逢勇者胜”的气魄，撸起袖子加油干，做新时代的“劲草”“真金”。要树立“以人民为中心”的理念。坚持人民主体地位，把人民放在心中最高位置，坚持立党为公、执政为民，践行全心全意为人民服务的根本宗旨，把党的群众路线贯彻到治国理政全部活动之中，把人民对美好生活的向往作为奋斗目标，依靠人民创造历史伟业。

聚人气，修好为民服务课。“为政之道，以顺民心为本，以厚民生为本，以安而不扰民为本。”我们党的根基在人民、血脉在人民、力量在人民。失去了人民拥护和支持，党的事业工作就无从谈起。党在哪里？党在群众的心中。如果党员干部为民服务形象好，各项决策部署群众就会理解支持；如果党员干部不为群众办实事，那么决策部署再正确，推行起来也会举步维艰。要时刻把群众的需求作为第一信号，把群众的利益作为第一选择，把群众的满意作为第一标准，不遗余力地为群众办实事、做好事、解难事。

## 立“五正”，过好品行关

“正”者，不偏不倚、合乎法则、顺乎道理、恰到好处。政从正来，一个人养就了一身正气，便具备了从政、参政、议政的资本和坚实基础。“正”的背后是意志、是信仰、是道德、是品行、是学养，“正”的造就，需要党员干部不断地改造和砥砺。

思想要纯正。理论上清醒，政治上才能坚定。思想是行动的先导，只有保持思想的纯正，才能确保言行始终行走在正确的道路上，避免走弯路、跑偏路。党员干部如果在思想上动摇了这些根本的东西，就必然会偏离正确的政治方向，一些错误的东西就会近身附体。做到“言忠”，始终牢记自己的第一身份是共产党员，相信组织，依靠组织，服从组织，如实向党组织报告情况；做到“行忠”，坚决维护以习近平同志为核心的党中央权威和集中统一领导，自觉做到“四个服从”，不折不扣地执行好党中央的各项决策部署，确保中央政令畅通；做到“身忠”，以身许党，以身报党，随时准备为党和人民牺牲一切，在重大关头、关键时刻敢于挺身而出，不当“两面人”、不做“两面派”。

心态要平正。习近平总书记反复强调，党员干部要淡泊名利，保持良好心态。要以平常心对待进退。人皆有进取之心，希望职务进步快一点，这可以理解，但是想得过多，就会作假，就会扭曲事实，这是万万不可取的。要以平常心对待得失。始终秉持积极向上、乐观从容的心态，既积极主动、尽力而为，又顺其自然、不苛求事事完美。

处事要公正。中国传统政治文化中十分推崇“公”，认为“公生明”“民不服我能而服我公”。公正必须有一颗公心。党员干部是人民的公仆，本质姓“公”，天职就是服务，为公履职、为民请命，公器绝不私用。私心乃百病之根，因为私心膨胀，公私天平就会倾斜，党性就会丧失，甚至忘乎所以、为所欲为。党员干部要做到事事出于公心，处处依照公心，时时公道正派，才能办事公平公正，才能在干部群众中扬威立名，赢得群众的信赖。

操守要清正。习近平总书记强调，为政清廉才能取信于民。“不要人夸颜色好，只留清气满乾坤。”为官从政最大的正道就是操守清正。无数事实证明，贪欲不仅能毁掉一个人的声誉，而且能断送一个人的生命。“手莫伸，伸手必被捉。”党员干部只有严格自律、勤于修身，方能站得住、立得稳、走得远。经常扪心自问，自检自省、自我约束，自重自省、自警自励。以刀刃向内的勇气，坚决革除“四风”，不搞歪门邪道，不参与暴力与阴谋，始终绷紧廉洁从政这根弦，真正做到“内安于心，外安于目”，永不苟且。

“五官”要端正。所谓“五官端正”不是指人的美丑，而是指品行要端正。党员干部要时常照照镜子，正正“五官”，注意端正做人、端正做事。“嘴”不歪，要说真话、说实话、说公道话，只有诚实守信的党员干部才能为群众所拥护。“眼”不斜，要用全面、发展、辩证的眼光看问题，正确对待组织、社会和他人。“耳”不偏，乐听真言、善听逆言、多听诤言，不偏听偏信，不道听途说。“手”不长，不去争抢不属于自己的官权名利，不拿不该拿的东西，为官一任，造福一方。“腿”不短，经常深入基层，多搞调查研究，掌握最基本最真实的材料，这才是正确判断和决策的有效途径。

## 明“七知”，掌握好方法

党员干部的主要任务是了解情况、掌握政策、解决问题。“七知”即为人处世的 7 种方法，掌握了这些好方法，才能蹄疾步稳，坚毅笃行。

知轻重。轻重本意指分量大小，这里主要指懂分寸、处事稳妥。领导工作事务繁杂、千头万绪，必须分得清轻重缓急，有所侧重。要善于抓重点抓本质。既善于解决浮在表面的问题，又能透过现象看本质，注意解决深层次的问题。要学会“十个指头弹钢琴”。树立全局视野、长远眼光和系统思维，统筹兼顾、综合平衡，突出重点、带动全局。

知深浅。深浅原指水的深浅程度。知深浅，则情况明、有底气。当干部，如果只是依靠老经验、老办法办事，必然导致想出来的问题“浮在面上”，作出来的决策脱离实际，办出来的事情成效不显，甚至出现颠覆性的错误。不能做经验的奴隶。要打破惯性思维，用联系的、发展的、全面的观点看待经验，要根据实际情况作出决定，对照客观实际用好经验。要“打破砂锅问到底”。在改革深水区要不厌其烦地反复实践，思考适应新形势的思路和方法，深挖事物根源，发现真问题，找到好办法，解决实际困难。

知长短。长短原是度量单位，亦指人的长处短处。知长短，就是要有自知之明，清楚自己的长处与不足。要补齐短板。不掩己之无知，不护己之所短，虚心主动地多听取同事、同志及各方面的意见，学百家之长，补自身之短。要扬长避短。党员干部要学会用自身之所长，打有把握的仗，做自己擅长的事，获得最大效益。

知亲疏。亲疏指关系或感情上的距离远近。党员干部掌握和行使着公权力，“八小时之外”的亲疏远近，能很大程度影响到公正用权的天平，必须明晰人际交往界限，坚守底线，努力建立干净清爽的朋友圈、交际圈。同志之间要亲近。同志之间坦诚相见，不仅要善于团结和自己意见相同的同志，更要善于团结和自己意见不同的同志一起工作，营造出团结、紧张、严肃、活泼的工作氛围。利益交往要疏远。注重构建亲清政商关系，真诚坦荡与企业接触交往，帮助解决发展难题，多关注、多谈心、多引导，清清白白交往。

知勇怯。勇是奋勇向前、勇立潮头，怯是敬畏。勇怯不是一成不变的，大勇若怯，在一定条件下是可以转换的。党员干部必须以“苟利社稷，死生以之”的精神，有点英雄气概，内心强大，知难而进、迎难而上，不畏艰难困苦的挑战，敢于坚持原则，不怕得罪人，勇于站出来为党和人民利益说话。党员干部必须始终保持“如临深渊，如履薄冰”的心态，始终保持强烈的事业心责任感，面对党纪、国法、各项规章制度，视之为碰不得的“红线”和“高压线”，心存敬畏，时刻提醒自己谨言慎行、慎独慎微，自觉接受党和人民的监督。

知远近。远近原指远处近处，引申开来，远是未来，近在当下。“人无远虑，必有近忧。”要有砥砺前行的远大目标，才能把眼光放远、把视野拉宽，避免在分析问题、解决问题时短视，造成被动局面。要有活在当下的良好心境。任何宏伟的蓝图都离不开脚踏实地的工作，既要有境界格局，长远谋划，又要有具体的阶段目标，克服一个个具体困难，解决好一个个具体问题，努力达成每一个小目标，让每个具体任务都成为成功路上的里程碑。

知善恶。党员干部必须树牢正确的善恶观、是非观，在大是大非上立场坚定，敢于斗争，充分展示共产党人的好形象，传递向上向善的正能量。要学会换位思考，与人为善。用积极向上的眼光看人看事，积极培育向善之心，真正做到“各美其美，美人之美，美美与共”。要坚定是非立场，惩恶扬善。要心有定见、头脑清醒，旗帜鲜明地与“恶”划清界限，坚定不移地与“恶”进行斗争，激浊扬清，努力营造正气充盈、崇德向善的良好社会氛围。

## 守“八戒”，增强免疫力

党员干部，责任不小、压力很大，要当好党员干部不容易。面对组织的信任和群众的期盼，不仅要心中有党、心中有民、心中有责，更要心中有戒，有所为有所不为，守好“八戒”来约束自己。

戒侥幸。每个人或多或少都有过侥幸心理，侥幸心理不加遏制会私心膨胀，结果是害人又害己，更会导致公私天平倾斜、原则立场丧失，公权私用、以权谋私，侵害党的肌体。要加强自律，始终保持廉政，坚持从小节、小事严起，勿以恶小而为之。要洁身自好，自觉接受监督，严守各项纪律，经常自检自省、自我约束，时刻保持清醒头脑，远离和抵制各种诱惑。

戒摇摆。一个党员干部如果没有原则立场，缺乏恒心耐心，随波逐流，终究会经不住风吹浪打，在左摇右摆中倾倒覆灭。毛泽东同志曾说：“我一旦接受了马克思主义是对历史的正确解释以后，我对马克思主义的信仰就没有动摇过。”要保持思想定力。在思想上政治上排除干扰，始终保持正确政治立场和政治方向，坚持用科学理论武装头脑。要保持战略定力。善于从战略的、宏观的、全局的角度审视问题，做到因势而谋、应势而动、顺势而为。

戒自大。强大者最温和，无知者最可怕。要始终谦虚谨慎、戒骄戒躁。低调做人，在不张扬中干大事，拜群众为师，向能者求教，向智者问策。要头脑清醒、反躬自省。党员干部一定要做一个清醒的人、明白的人，要时刻保持清醒的头脑，多回头检查自己的言行得失，总结经验教训，打扫思想尘埃，轻装上阵。

戒任性。大道至简，有权不可任性。要敬畏权力。权力是党和人民赋予的，是为党和人民做事的，必须正确看待权力，不能由着性子来，心中时刻有一把戒尺，守住底线，因势而为。要敬畏法纪。始终坚持有权必有责，在法律框架内干事创业，增强自我约束意识，真正做到在其位、谋其政、司其职、负其责，为官一任，造福一方。要敬畏人民。尊重人民主体地位，尊重人民首创精神，始终把人民放在心中最高位置。

戒保守。跨越发展，不进就是退，慢进也是退，保守就是落后。新时代新要求，四平八稳、墨守成规是党员干部的大忌。要敢于奋勇争先。以背水一战、决战决胜的勇气，敢于尝试，不怕失败，干在实处，走在前列，勇立潮头。要勇于自我革命。勇于自我批判、自我加压，立足实际，坚持变中求新、变中求进、变中突破，在伟大征程中建功立业，不辜负党和人民的重托。

戒浮躁。党员干部如果急于求成、心浮气躁，就是为官从政的一种不良作风。要真抓实干。把心思和精力集中在实干上，以“求实、务实、朴实、扎实”的工作作风，敢抓善管、敢作敢为，坚忍不拔攻难关，重实效、出实招、办实事，不折腾、不反复、不冒进，久久为功、绵绵用力，创造出无愧于人民的崭新业绩。

戒狭隘。谋大事需把握大势，谋一域要放眼全局，有没有大局意识，是衡量一个党员干部党性强不强、素质高不高的重要标志。要视野宽广，自觉在大局下思考，善于在大局下谋划、施策，不断提高领导工作的原则性、系统性、预见性和创造性。要广开言路，择善而从。“兼听则明、偏信则暗”，同事的建议、群众的意见，是帮助干部改进工作、促进干部健康成长的最有益补充。

戒抱怨。抱怨并不能改变现状，不会让自己过得更好。要及时清扫情绪垃圾。选择健康的生活方式，养成自我调适的良好习惯，学会调控和驾驭自己的情绪，正确面对挫折，树立阳光心态，缓解和释放压力，摒弃阴暗潮湿心理，以积极乐观的态度看待周围的事物，把不良情绪转化为积极的行动。从黑暗中看到光明、从挫折中吸取教训，享受生命过程，不让抱怨成为一种习惯。

# 明晓为政之理

# 当领导干部得明遵守宪法之理

习近平总书记多次强调："宪法是国家的根本法，是治国安邦的总章程，具有最高的法律地位、法律权威、法律效力，具有根本性、全局性、稳定性、长期性。""奉法者强则国强，奉法者弱则国弱。"领导干部作为"关键少数"更应加强宪法学习，带头尊崇宪法、学习宪法、遵守宪法、维护宪法、运用宪法，做尊法学法守法用法的模范。

## 树牢宪法信仰，维护宪法权威

宪法信仰就是人们发自内心地对宪法的依赖和尊崇，坚持宪法至上的地位并且坚定不移。历史和实践告诉我们，什么时候我们切实信仰和尊重宪法，人民当家作主就有保证，党和国家事业就能顺利发展；什么时候宪法受到漠视、削弱甚至破坏，人民权利和自由就无法保证，党和国家事业就会遭受挫折。作为领导干部，必须对宪法法律始终保持敬畏之心，带头信仰宪法、尊重宪法，切实维护宪法权威，在宪法法律范围内活动，知晓为官做事尺度，从而带动增强公众的宪法意识，保持宪法的生命和权威，坚定全社会的宪法信仰、法治信仰。维护宪法权威，就是维护党和人民共同意志的权威；捍卫宪法尊严，就是捍卫党和人民共同意志的尊严。树牢宪法信仰、维护宪法权威、弘扬宪法精神，才能更好发挥宪法在新时代推进全面依法治国、推进国家治理体系和治理能力现代化中的国家根本法作用，让宪法为中华民族伟大复兴的中国梦保驾护航。

### 破除特权思想，在宪法法律范围内活动

特权思想与宪法精神是背道而驰的。那些有特权思想的领导干部，往往是将宪法束之高阁，把手中的公权变成牟取个人或少数人私利的工具，祸害组织、祸害人民、祸害他人、祸害自己。宪法法律面前，任何人都不能心存侥幸，都不能指望法外施恩，没有免罪的“丹书铁券”，也没有“铁帽子王”。任何组织或者个人都不得有超越宪法的特权，都必须在宪法范围内活动，都必须依照宪法行使权力或权利、履行职责或义务。任何人、任何组织违犯宪法都要受到追究，绝不允许任何人、任何组织以任何借口任何形式以言代法、以权压法、徇私枉法。要加强对领导干部的教育。党领导人民制定和实施宪法，党自身必须在宪法范围内活动，关键就要靠领导干部这个“关键少数”带好头。不论职务多高、资历多深、贡献多大，都必须坚持“法定职权必须为、法无授权不可为”，谨记权本法授、权依法使，牢记宪法红线不可触、宪法底线不可越，主动摒弃个人意志至上和人治思维，自觉恪守权力边界，坚决杜绝肆意妄为，做到“公器”决不“私用”，不要

去行使依法不该由自己行使的权力，也不要去干预依法自己不能干预的事情，做到不为私心所扰、不为人情所困、不为关系所累、不为利益所惑。

## 补齐法治素养短板，强化法治思维

领导干部的基本素养之一就是法治素养。法治素养是一个人认识法治和运用法治的素质和修养，包括对法治的认知、观念、信仰和运用能力等。法治思维则强调要对宪法法律存有敬畏之心，依照宪法法律按权限和程序办事，始终坚持有权必有责、用权受监督、违法必追究、侵权须赔偿。领导干部作为全面推进依法治国的重要组织者、推动者、实践者，法治素养的高低、法治思维的强弱，直接影响着依法治国、依法执政、依法行政水平的高低，事关我们党执政兴国，事关人民幸福安康，事关党和国家长治久安。

实践表明，只有不断提升法治素养，补齐法治思维短板，才能增强领导干部依宪治国、依宪执政的能力水平。领导干部要增强宪法意识，弘扬宪法精神，既要加强学习宪法、通用法律知识及与履行职责相关的法律知识，又要重视宪法精神、法律原则等法治思维能力方面的学习培养，使法治素养和法治思维成为每一位领导干部基本知识体系和基本能力体系中的重要组成部分，真正内化于心、外化于行，坚持依宪执政、依法执政，养成遇事找法、办事依法、解决问题靠法的行为习惯，提高用法治思维谋划科学发展的能力、用法治思维破解改革难题的能力、用法治思维维护社会稳定大局的能力。要把宪法教育和法律培训作为干部教育培训的重要内容，在绩效考核、评价和选拔任用领导干部时充分体现对法治思维、运用法治方式解决问题的能力考察，将其作为必要条件，促进领导干部真正尊崇并带头遵守宪法和法律，运用法治思维和法治方式来处理国家和社会治理中的各项工作。

### 立政德与重法治相结合，做到良法善治

法治安天下，德治润人心。法治和德治如车之两轮、鸟之两翼，缺一不可。政德是树立社会道德建设的风向标，立政德，就要明大德、守公德、严私德。重法治就是要贯彻宪法至上，严格按照法律法规办事。前者侧重以思想教育来影响人们的道德觉悟，后者则强调用国家强制手段来约束规范人们的行为。习近平总书记强调，“领导干部要讲政德”，既讲法治又讲德治，重视发挥道德教化作用，把法律和道德的力量、法治和德治的功能紧密结合起来。步入社会转型期，社会关系日益复杂，尊崇宪法、立政德重法治、德法合一的执政理念比以往任何时候都更为重要。要时刻以宪法为根本导向，坚持德治与法治并举，积极弘扬社会主义道德新风尚；深入学习宣传以宪法为核心的中国特色社会主义法律体系，“治树护林”，维护风清气正的政治生态，以管住“思想”来管住“双手”，真正做到为官清清白白、为政勤勤恳恳、为人谨言慎行。从自身做起，从现在做起，自觉履行宪法规定的权利与义务，让政德与宪法建设相得益彰，维护社会公序良俗，实现良法善治。

### 依宪执政与依规治党结合，完善法规制度体系

中国是中国共产党领导的社会主义国家。从我国法治的发展

进程来看，坚持党的领导、人民当家作主、依法治国有机统一，是贯穿始终的一条指导方针。坚持全面依法治国是新时代坚持和发展中国特色社会主义的基本方略的重要内容。党的二十大报告指出，“坚持依法治国首先要坚持依宪治国，坚持依法执政首先要坚持依宪执政”。“坚持制度治党、依规治党，以党章为根本，以民主集中制为核心，完善党内法规制度体系”。党的十八大以来，以习近平同志为核心的党中央把全面深化改革和制度创新有机结合起来，以党章为根本遵循，修订了一系列党内法规，科学的党内法规制度体系初步形成。党内法规建设永远在路上，随着新时代新要求、社会主要矛盾的转变、面临新的风险考验等，一些制度与发展不相适应，甚至阻碍发展，需要不断健全完善党内法规制度体系。增强依法执政本领，必须加快形成覆盖党的领导和党的建设各方面的党内法规制度体系，加强改善对国家政权机关的领导。这不仅要求有依法执政的理念，还要求具备在法律法规框架下建设党的能力和本领，更加要求讲究依法执政的方式方法，提升依法执政的效率和效果。必须统筹推进依法治国、依宪执政与制度治党、依规治党，坚持宪法为上、党章为本的基本原则，完善党内法规制定体制机制，加大党内法规备案，推进合宪性审查工作，一旦出现违宪行为，能够及时纠正，保证宪法的全面有效实施。必须注重党内法规同国家法律的衔接和协调，促进领导干部带头执行国家法律法规。需要切实提高党内法规执行力，运用党内法规把党要管党、从严治党落到实处。

# 当领导干部得明为民服务之理

习近平总书记强调："离开了人民，我们将一无所有、一事无成；背离了人民的利益，我们这些公仆就会被历史所淘汰。"领导干部只有心里装着群众，真心实意地为群众做好事、办实事、解难事，群众才会惦记他、信任他、支持他。领导干部要明坚持人民至上之理，把"人民"二字放在心中最高位置，才能不断开创执政为民的新境界、新作为。

问题是时代的声音，民心是最大的政治。人民就是江山，江山就是人民；民心凝聚民力，民生连着民心。民生问题始终是执政党最大的现实政治问题。领导干部必须牢记"群众利益无小事，处处留心皆民生"，坚持问题导向，从最困难的群众入手，从最突出的问题抓起，从最现实的利益出发，不断改善民生、凝聚民心、集聚民力。

没有一种根基比扎根于人民更坚实，没有一种力量比从人民中汲取更强大，没有一种执政资源比赢得民意更珍贵。人民是历史的主体，一个政党的发展、一个国家的强盛，必须依靠人民发展创造。我们党的根基在人民、血脉在人民、力量在人民，人民群众是我们党执政的最大底气。民力是天下无敌之力。领导干部必须走好群众路线，始终与人民心心相印，争取群众最大程度的理解、认同、拥护。

永远坚定人民立场，永远保持人民情怀，永远追求人民满意。习近平总书记强调："人民立场是中国共产党的根本政治立场，是马克思主义政党区别于其他政党的显著标志。"中国共产党是工人阶级的先锋队，完全、彻底的人民性决定了党始终代表着最广大人民群众的根本利益。领导干部必须始终把人民放在心中最高位置，坚持一切为了人民，为了一切人民，为了人民的一切，为了人民的满意。

公私是一把尺，丈量境界高下；也是一杆秤，称出格局大小。公私一念间，荣辱两世界。大贤秉高鉴，公烛无私光。公私问题是一面照见领导干部政德高下、党性高低的镜子。习近平总书记强调："作为党的干部，就是要讲大公无私、公私分明、先公后私、公而忘私，只有一心为公、事事出于公心，才能坦荡做人、谨慎用权，才能光明正大、堂堂正正。"领导干部必须公私分明、一心为公，自觉做到为政不移公仆之心，用权不谋一己之私。

应当有"天下兴亡，匹夫有责"的家国情怀，有"计利当计天下利"的价值追求，有"苟利国家生死以"的雄心壮志。习近平总书记指出："爱国主义精神深深植根于中华民族心中，是中华民族的精神基因。"领导干部当有"先天下之忧而忧，后天下之乐而乐"的家国情怀，自觉把个人前途同国家命运、个人追求同国家发展联系在一起，时时想到国家，处处想到人民，以身许党许国、以身报党报国，无问西东，无愧芳华。

守土有责不动摇，守土担责不含糊，守土尽责不懈怠。领导就是服务，岗位就是责任，职位越高责任越大，越要尽职尽责。习近平总书记指出："能否敢于负责、勇于担当，最能看出一个干部的党性和作风。"如果只想当官不想干事、只想揽权不想担责、只想出彩不想出力，就不配当领导干部。千担当，万担当，不认真履责就是不担当。领导干部必须知责明责、负责履责、担当尽责，切实担当好该担当的责任。

实现与奉献是一体两面，甚至就是一体一面；实现自我就是奉献社会，奉献社会就是实现自我。习近平总书记强调，我们共产党人讲奉献，就要有一颗为党为人民矢志奋斗的心，有了这颗心，就会"痛并快乐着"。奉献的情怀最动人，奉献的价值最可贵。领导干部要为党和人民事业心甘情愿消耗自己，在奉献中实现人生意义、绽放生命华彩。

促一方发展、保一方平安、正一方风气，这才是当领导干部的真正意义与价值所在。"当官不为民做主，不如回家卖红薯。"领导干部主政一方，必须坚持以人民为中心的发展思想，把发展作为第一要务，维护社会安定，畅通民心民意，净化党风政风民风，高质量做好改革发展稳定各项工作，在为党分忧、为国干事、为民谋利中实现自身价值。

老百姓是天，老百姓是地，永远"以百姓之心为心"。政之所兴在顺民心，政之所废在逆民心。习近平总书记指出："历史充分证明，江山就是人民，人民就是江山，人心向背关系党的生死存亡。赢得人民信任，得到人民支持，党就能够克服任何困难，就能够无往而不胜。"唯有不忘初心，方可赢得民心。领导干部必须心系百姓，想百姓之所想，急百姓之所急，做到坚持人民至上、牢牢根植人民、紧紧依靠人民、不断造福人民。

既要坚持做到“以百姓之心为心”，又要时刻保持“咬定青山不放松”矢志奋斗的恒心。一个人也好，一个政党也好，最难得的就是历经沧桑而初心不改、饱经风霜而本色依旧。习近平总书记强调：“不忘初心、牢记使命，必须作为加强党的建设的永恒课题和全体党员、干部的终身课题常抓不懈。”领导干部必须始终把人民对美好生活的向往作为奋斗目标，初心如磐、使命在肩，不负人民期待，不负时代召唤。

千计万计，群众路线是第一计；千难万难，问计群众就不难。群众路线是我们党的生命线和根本工作路线，是我们党战胜一切困难的力量源泉。毛泽东同志曾说：“在我党的一切实际工作中，凡属正确的领导，必须是从群众中来，到群众中去。”依靠群众撼山易，脱离群众搬砖难。人的力量靠五谷，干部的力量靠群众。脚入三尺泥土，方知民心温度。领导干部必须认真贯彻党的群众路线，加强调查研究，提高群众工作本领。

时刻铭记组织培育恩情，珍惜工作岗位，珍惜组织信任，不负群众期待，勇于担当作为。习近平总书记指出，有一颗感恩的心很重要，所有的人都要有感恩的心。干部走上领导岗位，是组织长期教育培养的结果。没有组织给舞台，即使本事再大，也难以施展。领导干部要始终心怀感恩，感恩组织、感恩人民，珍惜工作岗位、珍惜组织信任、珍惜群众信任，当群众信赖的主心骨，做组织放心的担当人。

少做“击鼓传花”的二传手，多当摧城拔寨的先锋官，带着感情和智慧解决好群众最关心、最直接、最现实的利益问题，做到以真心换民心，以无私赢口碑。全心全意为人民服务是党的根本宗旨，也是衡量一个党员干部合格与否的基本标尺。群众利益无小事，民生问题大于天。领导干部要强化“但愿苍生俱饱暖，不辞辛苦出山林”的责任，要拎着乌纱帽为民干事、不要捂着乌纱帽为己做官，将革命进行到底，为人民服务终身。

为人民谋幸福、为民族谋复兴、为世界谋大同，需要进行具有许多新的历史特点的伟大斗争，需要把历经风雨见彩虹的“行动哲学”贯彻始终，坚持不懈。习近平总书记指出：“我们党诞生于国家内忧外患、民族危难之时，一出生就铭刻着斗争的烙印，一路走来就是在斗争中求得生存、获得发展、赢得胜利。”唯有敢于犯其至难，方能图其至远。领导干部要增强斗争精神，勇于直面风险挑战，不断把党和人民伟大事业推向前进。

# 当领导干部得明提高能力之理

绳短不能汲深井，浅水难以负大舟。习近平总书记指出："领导干部不仅要有担当的宽肩膀，还得有成事的真本领。"真担当要靠真本事，真作为要有真水平；如果能力"透支"，就会使命"欠账"。领导干部一定要"明"提升能力之"事理"，不断提高适应新时代发展要求的"八种本领""七种能力"。

立身靠信，立业靠实力，立世靠才，立功靠拼。德为立身之本，才为处世之道。诚实守信是人的立身之本，是全部道德的基础，生命不可能在谎言中开出灿烂的花。相信别人的语言，不如相信自己的实力，手有实力可以胜过一万句求人的话。领导干部必须修炼诚实守信的道德操守、全面过硬的自身实力、聪明强干的能力本领、锐意进取的拼搏精神。

善学者智，善学者强，善学者戒。《礼记》曰："善学者，师逸而功倍，又从而庸之；不善学者，师勤而功半，又从而怨之。"善于学习是点燃智慧的"火花石"，是增强本领的"加油站"，是涤荡心灵的"净化器"。共产党人依靠学习走到今天，也必然要依靠学习走向未来。领导干部唯有勤"充电"、多"增能"，以学益智，以学修身，以学明志，才能不断提高领导水平和执政本领。

让思想理念与时俱进，让知识储备适应变化。习近平总书记指出，知识、科技日新月异。我们如果闭目塞听 3 个月，恐怕会落后世界一大截。东风浩荡万里澄，与时偕行天地宽。识时务者为俊杰，通机变者为英豪。领导干部既要“温故知新”，又要“学新知新”，努力加快知识更新、优化知识结构、构建紧跟时代步伐的知识体系，与时俱进，提高工作本领。

了解历史才能看得远，理解历史才能走得远。习近平总书记强调：“历史、现实、未来是相通的。历史是过去的现实，现实是未来的历史。”不知过去，无以图将来。对历史能看多深，对未来就能看多远。每一次对历史的回望，总能给人们以智慧启迪，治国理政需要立足历史大逻辑。领导干部只有了解历史、理解历史，从历史中汲取智慧、经验、意志和力量，才能更好地回望昨天、把握今天、开创明天。

自信是成功的起步，自负是成功的止步。毛泽东同志曾讲：“自信人生二百年，会当水击三千里。”人生的高度，是自信撑起来的。人不自信、谁人信之，欲成大器、必先自信。然而，万事皆有度，自负终“自缚”。领导干部想要有所作为，既要信心满满，也要自信有度，不被自负所“自缚”。

一经打击就灰心丧气的人，永远是个失败者。习近平总书记指出：“只要坚韧不拔、百折不挠，成功就一定在前方等你。”古之立大事者，不唯有超世之才，亦必有坚忍不拔之志。在坚强的人眼里从来就没有逆境。能经得住多大打击，就能担得起多大重担。领导干部要有“面对失败和挫折一笑而过，面对烦恼和忧愁平和释然”的胸怀，不断提高面对挫折、摆脱困境和超越困难的勇气和能力。

不知道自己的无知，则是双倍的无知。习近平总书记指出："问题在于往往自病不知，识己更难。"低头的是稻穗，昂首的是稗子。聪明人自认一无所知，愚笨人自负无所不晓。认识到自己的无知，是智慧的开始。领导干部要学会用"第三只眼"看清自己，客观地审视自己、正确地认知自己，自重自省自警自励，谦逊低调、谨言慎行。

如果脑袋里一团糨糊，手头上必然是一团乱麻。习近平总书记指出："'以其昏昏，使人昭昭'是不行的！是要贻误工作、贻误大事的！"手是由大脑指挥的，手上乱是源于脑子乱。肚中有墨水，文章自然来。干事创业也好，改革发展也罢，领导干部自己一头雾水、一团糨糊，如何让人茅塞顿开、醍醐灌顶？只有做到"胸中有丘壑"，工作才能驾轻就熟、游刃有余，若网在纲，有条而不紊。

除了学习，没有任何方法可循；除了实干，没有任何捷径可走；除了担当，没有任何胆识可言；除了奉献，没有任何境界可讲。习近平总书记指出，"梦想从学习开始，事业从实践起步"，社会主义是干出来的，新时代也是干出来的。桥的价值在于承载，人的价值在于担当。干事创业托起梦想，苦干实干书写辉煌。领导干部必须用学习增强本领，用实干为民服务，用担当彰显初心，用奉献书写情怀。

学习理论如"磨刀"，干事创业如"砍柴"。习近平总书记指出，要根据时代变化和实践发展，不断深化认识，不断总结经验，不断实现理论创新和实践创新良性互动。经世须理论，致用要方法。"理论上的成熟是政治上成熟的基础，政治上的坚定源于理论上的清醒。”为学之实，固在践履。理论的威力，只有付诸实践才能发挥。领导干部既要会“磨刀”，也要会“砍柴”，学以致用，用以促学。

刀不磨会生锈，人不学会落后；领导干部理当把学习作为获取才智、成长进步的阶梯，作为增强本领、推动工作的立足点，常学常进步，让学习成常态，推动工作进状态。学会知识是底牌，学会学习是金牌。不善于学习，必然会少知而迷惑、无知而盲动。“学如弓弩，才如箭镞，识以领之，方能中鹄。”领导干部只有善于学习、勤于学习、终身学习，才能更新知识结构、扩容本领素质、实现发展进步、走在时代前列。

书看少了，就会看一部信一部，莫衷一是；书看多了，才会有自己独特的见解，深刻认识，乃至独树一帜，自成体系。古人云：“读书百遍，其义自见。”水滴集多成大海，读书集多成学问；读书不需要理由，不读书才需要借口。读书不是为了雄辩和驳斥，也不是为了轻信和盲从，而是为了学会思考和权衡。领导干部读书越多，知识积累就越多，越能掌握客观规律，透过现象看本质，“究天人之际，通古今之变”。

既要读有字之书丰富大脑，也要读无字之书充实阅历。毛泽东同志曾说，人获取知识，主要有两条途径：一是读书，二是实践。读万卷书，行万里路。善读无字之书，修得世事练达。实践出真知，实践出实情，实践出方法，实践出经验。领导干部只有不断读书学习、不断实践经历，才能扩思想、提境界、长才干、强本领。

会干事是能力，干成事是目标，干好事是境界，不出事是底线。习近平总书记强调，领导干部要“既想干事、能干事，又干成事、不出事”。干事是为官从政的本分和职责。会干事是一种本事、一种方法，干成事是一种追求、一种效益，干好事是一种品质、一种修养，不出事是一种底线、一种坚守。领导干部干事创业，必须做到干事和干净、勤政和廉政相得益彰。

在实践中得出结论，从经验中引出规律。实践是最好的课堂，实践最能出真知。经验是最好的老师，经验可以出灼见。干部的成长既需要实践历练，也需要经验总结。领导干部一定要在实践中“学游泳、会潜水、沉下去”，才能经风雨、见世面，壮筋骨、长才干。

铁肩膀是压出来、磨出来的，硬本领是干出来、拼出来的。习近平总书记强调：“领导干部不仅要有担当的宽肩膀，还得有成事的真本领。”铁肩担道义，压力出动力，磨难之后见光芒。干出来的本领，拼出来的才干，风雨之后见彩虹。软肩膀挑不起硬担子，唯有能力托底干事才能保底。领导干部要敢于担当，更要自觉使自己的能力素质始终与岗位责任相匹配。

练就有远见的“长眼光”、敢担当的“宽肩膀”、能成事的“真本领”。“看得到”，就是眼睛亮、见事早、行动快。“扛得了”，就是顶得住压力、扛得住重担、打得了硬仗、经得住磨难。“做得好”，就是有干事之能、驭事之方、成事之法。领导干部谋事、处事、做事一定要有大视野、大担当、大本领。

把吃苦当“吃补”，把磨炼当财富，把挑战当机遇，一步一个脚印，一步一个台阶，上好基层这所大学校，读好实践这本无字书。基层实践是培养锻炼干部的“练兵场”。一个人经过不同程度的锻炼，“好比香料，捣得愈碎，磨得愈细，香得愈浓烈”。实践是最好的熔炉，在烈火中炼真金。基层是最好的战场，在一线中长才干。领导干部要积极投身实践、深入基层，自觉提升自己。

把做难事当作检验能力素质的试金石，把做难事当作提高全面素质的磨刀石。毛泽东同志曾说，“我们共产党人是以不怕困难著名的”。鲁迅先生讲：“真正的勇士，敢于直面惨淡的人生，敢于正视淋漓的鲜血。”困难是试金石，能鉴别出好干部；困难是磨刀石，能造就出好干部。领导干部要相信任何困难的出现都是为了锻炼自己，那些打不败我们的困难终将让我们更加强大，困难再多不畏惧，压力再重不低头，挑战再大不退缩，不断在困难中磨出“真功夫”、练出“大心脏”。

面对困难，不能置若罔闻，更不能听风就是雨；要以充分的预见性与清醒的判断力，学会看大局、明大势，全面把握发展的主流和支流，在严峻挑战中看到光明前景，于乐观精神中保持理性，这才是面对风雨时正确的姿态。习近平总书记指出：“战略问题是一个政党、一个国家的根本性问题。战略上判断得准确，战略上谋划得科学，战略上赢得主动，党和人民事业就大有希望。”勇者不惧，智者不惑。领导干部要做“桅杆上的瞭望者”，准确把握国内外发展形势、发展趋势、发展走势等；困难再多不畏惧，压力再重不低头，挑战再大不退缩；以功力涵养定力，以奋进迎接光明。

不仅需要“独上高楼，望尽天涯路”的眼界，也需要“衣带渐宽终不悔，为伊消得人憔悴”的思考。目之所及，心之所向；眼界决定境界，格局决定结局；学习可以没有纸笔，但不能没有思考；读书是顺藤摸瓜的过程，思考则是摸瓜顺藤找根的过程。领导干部增强本领，要注重在学习中拓展眼界，更要注重研究思考，真正做到学有所悟、学有所获、学以致用。

提高“愿为”的思想觉悟，增强“善为”的实际本领，激发“有为”的内生动力。马克思曾说：“作为确定的人，现实的人，你就有规定，就有使命，就有任务。”先有心动才有行动，自觉行动来自思想觉悟。家有黄金用斗量，不如自己本领强。水不激不跃，人不激不奋。领导干部必须自我激励、自我提高，担当作为。

善于吃一堑长一智，由此及彼，举一反三，练就斗争的真本领、真功夫。做任何工作，“收官”不意味着“收场”，“总结”不意味着“终结”。回望是为了更好地前行，总结是为了更好地出发。只有加强斗争历练、总结斗争经验、把握斗争规律，才能增强斗争本领。领导干部必须在斗争中学会斗争，在斗争中总结提高。

事业因人才而兴，人才因事业而聚。千秋基业，人才为本；功以才成，业由才广。为政之要，莫先于用人。为党和人民事业聚贤能、育人才是领导干部的职责使命。发现人才是水平，培育人才是己任。领导干部必须有识才的慧眼、爱才的诚意、用才的胆识、容才的雅量、聚才的良方。

懂团结是大智慧，会团结是大本事，真团结是大境界。事成于和睦，力量生于团结。习近平总书记指出：“团结出凝聚力，出战斗力，出新的生产力，也出干部。”领导干部要把讲团结作为最基本的政治素质和思想境界来坚持，最大限度调动一切积极因素，团结一切可以团结的力量，为党和人民事业发展创造有利条件。

能够善待不太喜欢的人，并不代表你虚伪，而是意味着你内心成熟到可以容纳这些不喜欢。包容是一种格局，厚道是一种智慧；宽以待人得快乐，赠人玫瑰有余香。一个人的包容度决定了他的领导力边界。领导干部心中装下多少人，就能领导多少人，必须以宽广的胸襟凝聚人心，做到容人容言容事。

鲜明导向引领，充分激发干部“内驱力”；注重依事择人，着力提升岗位“匹配度”；突出严管厚爱，大力提振干部精气神。治国之要，首在用人；用人干事，重在导向。选人用人，用好一个人则能激活一大片。领导干部选人用人，必须坚持党管干部原则，落实好干部标准，鲜明树立正确导向，多考虑“谁该用”而不是“该用谁”，杜绝“劣币驱逐良币”的逆淘汰现象；注重坚持严管和厚爱结合、激励和约束并重，不断提振干部的精气神。

愿为“渡人梯”，乐做“嫁衣裳”，甘当“铺路石”。“功成在谁”不重要，“功成有我”方可贵。昨天是今天之基，前人是后人之梯。甘为人梯托青云，甘为人梯品自高。领导干部要树立正确的政绩观、价值观，少算一点个人得失的“小账”，多算一些顾全大局的“大账”，以愿为“渡人梯”为荣、乐做“嫁衣裳”为幸、甘当“铺路石”为任，顾全大局、淡泊名利、牺牲自我，成就他人、造福人民。

把最优秀的干部放到最重要的岗位上，把最能拼的干部派到最关键的战场上。事业发展需要什么样的人就用什么样的人，什么样的人最合适就选什么样的人。好钢用在刀刃上，千锤百炼始成钢。领导干部要从党和人民事业发展的“需求侧”着眼，从干部人才成长发展的“供给侧”发力，把最放心的人放在最不放心的岗位上，把最有潜力的人放在最艰苦的岗位上。

为担当者担当，为负责者负责，让吃苦者不吃亏，让有为者有位，为有担当者赋予重任，为敢作为者提供舞台，让敢闯肯干的优秀干部真正找到成就感、荣誉感、归属感与获得感。习近平总书记指出，各级党组织要“旗帜鲜明为那些敢于担当、踏实做事、不谋私利的干部撑腰鼓劲”。上级要为下级担当、组织要为个人担当、干部要为事业担当。领导干部要旗帜鲜明支持担当者，大胆选拔任用担当者。

# 当领导干部得明创新方法之理

方法是规律的应用，是解决思想和行动问题的门路和程序。习近平总书记强调，领导干部无论从事什么工作，最紧要的是掌握科学的世界观和方法论，把思想方法搞对头，增强工作的全面性、系统性、战略性和创造性。掌握了科学的方法，就如同找到了一把正确认识问题、分析问题、解决问题的“金钥匙”。新时代领导干部一定要“明”干事创业科学方法之“事理”，不断提高科学的思维方法、思想方法和工作方法。

成长无法抄近道，成功没有短平快。多经事方能成大事，犯其难方能图其远。习近平总书记指出：“干部成长无捷径可走，经风雨、见世面才能壮筋骨、长才干。”脚踏实地根深枝壮，好高骛远一事无成。领导干部唯有经受意志定力、耐心耐力、担当精神等考验，方能成为优秀人才，成就一番事业。

学会等待，学会坚持，成功是一个循序渐进的过程。万石谷粒粒积累，千丈布根根织成。“不积跬步，无以至千里；不积小流，无以成江海。”领导干部既要仰望星空，也要脚踏实地，不能只热衷于做“质变”的突破工作，更要注重做“量变”的积累工作，不贪一时之功、不图一时之名。

在应对变局中开新局，在守正创新中担使命。谋大事必先观大势，开新局必先知变局。彩虹和风雨共生，机遇和挑战并存。进入新发展阶段，国内外环境的深刻变化既带来一系列新机遇，也带来一系列新挑战。领导干部必须坚持守正与创新相统一，以识变之智攻重点，以应变之方治痛点，以求变之勇破难点，坚决打好应对变局、开拓新局主动战。

从改革上找出路，从创新上想办法。习近平总书记指出："生活从不眷顾因循守旧、满足现状者，而将更多机遇留给勇于和善于改革创新的人们。"思想破冰，行动才能突围。领导干部必须增强改革创新意识，提升改革创新本领，向改革要动力，向创新要活力，敢于破旧立新、弃旧图新、吐故纳新。

立最高的目标，订最好的计划，做最坏的准备，尽最大的努力。毛泽东同志曾说："不打无准备之仗，不打无把握之仗，每战都应力求有准备。"胜利属于有准备的人。有备则无患，尽力则无憾。做任何事，有备有方，才能攻无不克。领导干部做工作，要加强工作的计划性，学会科学确定目标，合理作出部署，强化底线思维，做足准备工作。

若只顾当前，不想长远，就会失去方向；若只想长远，不顾当前，则会陷入空想。习近平总书记指出："我们做一切工作，都必须统筹兼顾，处理好当前与长远的关系。"人无远虑必有近忧，只顾眼下必存后患。领导干部要增强战略思维，善于算大账、总账、长远账，既立足当前、抓好当前求实效，又深谋远虑、着眼长远求长效。

日日行，不怕千万里；常常做，不怕千万事；对时间的把握，就是对功夫的积累。俗话说："路不怕长，天天走就能走完；事不怕多，坚持做就能做完。"坚定不是一时一事，而是实实在在的持之以恒。领导干部干事创业，要始终保持"咬定青山不放松"的坚定毅力和"千里之行，始于足下"的务实态度，时刻保持永不懈怠的精神状态和一往无前的奋斗姿态。

"领"的是方向，就是提出明确工作要求；"导"的是方法，就是把要办的事说清楚。领导领导，既要会"领"，又要善"导"。"领"就要率先垂范、引领示范，"导"就要发现问题、纠正错误。当领导干部，就要善于在迷茫之中看得清、在杂乱之中稳得住、在言行之上走在前作表率；就要以共同的梦想引领人，以共同的事业凝聚人，凝心聚力，激发斗志，开创未来。

一门心思钻研工作，一腔热情凝心聚力，一丝不苟履职尽责，一身正气树好榜样。习近平总书记强调："全党一定要保持艰苦奋斗、戒骄戒躁的作风，以时不我待、只争朝夕的精神，奋力走好新时代的长征路。"伟大出自平凡，平凡造就伟大。领导干部必须把工作当使命、当事业、当学问，始终保持"最讲认真"的态度和作风，严肃严格严谨地对待每一项工作，干一行爱一行，钻一行精一行。

明责定责是推动工作的前提，问责追责是抓好落实的保障。习近平总书记强调："不明确责任，不落实责任，不追究责任，从严治党是做不到的。"明责定责千遍，不如问责追责一次。做领导工作，"责问"过后须"问责"，"补牢"当在"亡羊"前；既要对不作为者追责，也要对干事创业者负责，用好"问责"利器，担好"负责"重任。

把谋全局和谋一域、谋事与谋势、谋当下与谋未来统一起来，谋先、谋快、谋准、谋稳，谋定而后动，赢得主动。《孙子兵法》云：“夫未战而庙算胜者，得算多也。”谋事是成事之基。谋划是否科学、清晰、正确、可行、有效，决定着工作和事业的局面。运筹帷幄，才能决胜千里；计熟事定，才能举必有功。领导干部做工作，要善于图之于未萌、虑之于未有，在谋大、谋深、谋远、谋实、谋细上下功夫。

把握战略重点，才能牵一发而动全身；找准主攻方向，才能一子落而满盘活。习近平总书记强调，领导干部要“善于厘清主要矛盾和次要矛盾、矛盾的主要方面和次要方面，区分轻重缓急，在兼顾一般的同时紧紧抓住主要矛盾和矛盾的主要方面，以重点突破带动整体推进，在整体推进中实现重点突破”。没有重点就没有政策，把握重点等于成功一半。领导干部做工作，要坚持具体问题具体分析，善于找准关键点、抓住症结点。

分清轻重缓急，把握先后主次。“物有本末，事有始终，知所先后，则近道矣。”事情再多也必然有急缓之分、主次之别，只有善于抓住重点，分清轻重缓急，做到主次分明，才能在烦琐的事务中游刃有余。领导干部做工作，该重则重当轻则轻，该急则急当缓则缓，使工作张弛有节，达到举一纲而万目张、提一领则百毛顺的效果。

用好“破”与“立”的辩证法，用好“加”与“减”的运算法，用好“上”与“下”的统筹法。毛泽东同志曾说：“一分为二，这是个普遍的现象，这就是辩证法。”只有善于一分为二看问题，才能不断提高分析和解决问题的能力。领导干部要坚持破立并举，因时而变、唯变所适；要坚持加减并用，既压紧担子，又注重减负担；要坚持上下结合，既对上负责，也对下负责。

既要“十个指头弹钢琴”，更要“牵住‘牛鼻子’”。习近平总书记强调：“在任何工作中，我们既要讲两点论，又要讲重点论，没有主次，不加区别，眉毛胡子一把抓，是做不好工作的。”只用单手，无法鼓掌。一把抓不如抓一把，一刀切不如切一刀。领导干部要学会统筹兼顾的工作方法，做事情通盘筹谋、兼顾各方，做到统而不散、统大放小、统放自如。

既要抓住主流，又要注意支流；既要突出要点，又要照顾一般；既要树立典型，又要带动全面。毛泽东同志曾指出，社会主义建设的基本方针是“统筹兼顾，各得其所”。看问题、办事情要善于抓重点，集中主要力量解决主要矛盾，又要学会统筹兼顾，恰当地解决次要矛盾，使事情的各方面各得其所。领导干部做工作，只有不断增强统筹观念，才能在工作中全局在胸、运筹帷幄，减小“摩擦系数”、增大“推力指数”。

把坚持底线思维、坚持问题导向贯彻工作始终，瞄着问题去、追着问题去。习近平总书记强调，要坚持问题导向，坚持底线思维，把问题作为研究制定政策的起点，把工作的着力点放在解决最突出的矛盾和问题上。“守乎其底而得乎其高。”从“底线”出发，才能向“高线”进军。从问题开始，必将以肯定结束。领导干部做工作，必须增强底线思维，坚持问题导向，以“百分之百”的准备应对“百分之一”的可能。

工作就是不停地解决问题，心中眼里如果没有问题，就意味着没有工作；解决的问题越多，说明工作的成绩越大。习近平总书记指出，领导干部要自觉把发现问题、分析问题、解决问题作为做好领导工作和一切工作的基本要求，特别是抓住关键问题，切实增强工作的主动性和针对性。问题的减法，就是发展的加法。

当领导就要把解决问题贯穿始终，以解决问题为动力来推进工作，以解决问题为标准来检验工作。

创新求变，敢闯敢试，以新方法解决新问题，以新思路谋划新发展。习近平总书记指出："变革创新是推动人类社会向前发展的根本动力。"不能总是用别人的昨天来装扮自己的明天。领导干部不担三分险、难练一身胆，要勇于打破思维定式、路径依赖，敢于另辟蹊径、走出新路，多一些独到的见解、独特的创造，善于寻求"无解之解"，从不可能处寻找可能的办法。

理论的生命力在于创新，理论创新从问题开始。马克思指出，每个时代总有属于它自己的问题，准确地把握并解决这些问题，就会把理论、思想和人类社会大大地向前推进一步。领导干部必须坚持以党的创新理论观察时代、解读时代、引领时代，在不断回答时代课题中推进实践创新、理论创新、制度创新。

践行新发展理念，必须做到知行合一，知是基础、是前提，行是重点、是关键。习近平总书记强调："知是基础、是前提，行是重点、是关键，必须以知促行、以行促知，做到知行合一。"践行新发展理念，学习理解是贯彻的基础和前提，是为了更好贯彻落实。领导干部要将新发展理念与具体实践紧密结合，不断破解发展难题、增强发展动力、厚植发展优势，推动各项事业高质量发展。

把心思集中在"想干事"上，把胆识体现在"敢干事"上，把能力展现在"会干事"上，把目标落实在"干成事"上。曾国藩曾说："以苟活为羞，以避事为耻。"一份责任要有一份担当，干事是领导干部的本分，不干事，就是丢了本分、失了本职，无疑是最大的耻辱。领导干部既要想干，更要能干；既要干成，更要干好。

把握好“战略与策略”，既从战略上着眼，又从策略上着手，深入研究更好落实；把握好“时效与时限”，提倡“马上就办”精神，盯住重要时间节点，“一竿子插到底”。习近平总书记强调，“全党要提高战略思维能力，不断增强工作的原则性、系统性、预见性、创造性”，必须“抓住时机、把握节奏、讲究策略，从时度效着力，体现时度效要求”。“眼高手低”是抓好工作落实的基本要求，“时度效”是检验工作落实的重要标尺。领导干部要善于把握好战略与策略、时效与时限，坚持大处着眼、小处着手，深入研究、马上就办，推动工作更好落实、效果更加明显。

## 当领导干部得明作风锤炼之理

好形象就是凝聚力，好作风就是战斗力。作风关系人心向背、关系党的生死存亡。领导干部一定要“明”作风锤炼之“理”，坚持严字当头、实字打底，把优秀当习惯，把卓越当标准，力戒形式主义、官僚主义，在信念上坚定不移，在精神上斗志昂扬，在行动上令行禁止，在学习上拜人民为师，在工作上担当作为，在干事上求真务实。

作风的改进，没有休止符；觉悟的提升，永远在路上。作风是形象，是观察党群干群关系、人心向背的“晴雨表”；觉悟是灵魂，是检验党性的“试金石”、阻遏私欲的“防火墙”。全面从严治党永远在路上，一刻不松、半步不退。领导干部要加强党性修养，永葆政治本色，坚决捍卫作风建设成果，一刻不停歇推动作风建设向纵深发展。

守成者没有出路，奋进者才有未来。生活总是把机遇留给勇于、敢于和善于改革创新的人们。得之艰难，失之安逸。新故相推，生生不息。不为模糊的未来担忧，只为清晰的现在努力。领导干部须以初学者的谦虚态度、干事者的积极热情投入事业，主动挑起重担、勇涉“盲区”，攻克堡垒，闯出新天地。

求真务实，是共产党人的精神品质；真抓实干，是干事创业的不二法门。习近平总书记强调：“讲实话、干实事最能检验和锤炼党性。”真抓实干才能梦想成真。领导干部要在实践中认识真理、把握规律，尊重事实、追求真理，以实的作风、实的举措，抓实问题、开实药方，实实在在解决问题。

把真理的力量和人格的力量统一起来，杜绝形式主义、官僚主义，实现信念上坚定不移、精神上斗志昂扬、行动上令行禁止。真理与人格力量相统一的过程，就是彰显感召力、带动力和影响力的过程。领导干部要把真理力量和人格力量相统一，以真理的力量和人格的力量，为领导力把航指向、添光加彩；以求真务实之风吹散“官气”，力戒形式主义、官僚主义。

精心谋划、潜心干事，力戒形式主义、官僚主义，不能急于求成。凌空蹈虚，难成千秋之业；求真务实，方能善作善成。宁可算了吃，不可吃了算。形式主义和官僚主义都不是好主义。一心向着目标前进，整个世界都会让路。领导干部抓工作要长计划短安排，努力改进学风、文风、会风，踏踏实实、有条不紊地把事情做好。

践行孺子牛服务精神、拓荒牛创新精神、老黄牛奋斗精神，惜时奋蹄、实干笃行。“老牛亦解韶光贵，不待扬鞭自奋蹄。”以真情凝聚民心，用实干服务群众。在实干中创新，在创新中前行。领导干部要坚定意志攀登高峰，矢志做创新实干的领跑者，用实干创造历史、以奋斗成就未来，勇做只争朝夕的行动者、脚踏实地的实干家。

为政之要，贵在落实；落实之要，贵在执行。托之空言，莫如见之实行。执行不到位，一切全作废。一个好的策略，只有执行后才能显示其价值。抓落实决不能遇到好事就“抢篮球”、遇到难事就“踢皮球”、遇到琐事就“打擦边球”，也不能因怕出错、怕麻烦、怕吃亏就不落实。领导干部抓落实要不讲条件、不找借口、不推责任，保持快节奏、追求高效率，抓好各项工作执行。

这个招那个招，不落实都是虚招；这本事那本事，落实好了才是真本事。毛泽东同志曾说：“什么东西只有抓得很紧，毫不放松，才能抓住。抓而不紧，等于不抓。”落实是一切工作的归宿。务实才能落实，高效才能长效。领导干部要在抓落实上带好头，把责任牢牢扛在肩上，以钉钉子精神一抓到底，在服务和融入经济社会发展大局中展现新作为、彰显更大价值。

风气之变在于管，落实之要在于严。习近平总书记指出：“领导工作要实，做到谋划实、推进实、作风实，求真务实，真抓实干。”作风严而不殆则正，谋事实而不虚就成。没有高标准严要求，就不会有高质量高水平。领导干部要力戒形式主义、官僚主义，坚持“标准定得高、尺子把得严、功夫下得深”，时时严、处处严、人人严，才能取得实实在在的成效。

决策定一条是一条，条条算数；工作干一件成一件，件件落实。科学决策能力和抓落实能力是领导力的重要内容。决策的生命在于执行到位，工作的关键在于解决问题。作出决策部署只是第一步，我们只有强化执行到位，一项一项狠抓落实，一步一步有序推进，决策部署才能落得下、落得实、落得好。

增强狠抓落实本领，坚持说实话、谋实事、出实招、求实效，把雷厉风行和久久为功有机结合起来，勇于攻坚克难，以钉钉子精神做实做细做好各项工作。这能力那能力，不会落实就是没能力。蹄疾走日月，步稳度关山。习近平总书记指出：“如果不沉下心来抓落实，再好的目标，再好的蓝图，也只是镜中花、水中月。”领导干部要实打实，一个堡垒接着一个堡垒攻，一个节点接着一个节点破，以推动工作落实见底见效。

当干部就要有担当，有多大担当就能干多大事业，尽多大责任才会有多大成就。习近平总书记强调，看一个领导干部，很重要的是看有没有责任感，有没有担当精神。知责任者，大丈夫之始也；行责任者，大丈夫之终也。领导干部必须担当诠释忠诚，以作为彰显价值，敢于负责、勇于担当、善于担当，扛事顶硬抓落实，敢冲敢当破难题。

在其位，就要谋其政；任其职，就要尽其责。习近平总书记指出：“干部干部，干是当头的，既要想干愿干积极干，又要能干会干善于干。”曾国藩说：“以苟活为羞，以避事为耻。”《中庸》有言：“君子素其位而行，不愿乎其外。”人而无责，于世何益。领导干部必须强化“有位必须有为”的理念，提高干事创业的觉悟，争做干事创业的促进派、实干家。

保持“不驰于空想、不骛于虚声”的务政理念，功成不必在我、功成必定有我的从政情怀，滴水穿石、久久为功的为政定力，铆在本职岗位，主动担当作为。安心、热衷本职岗位，是做好一切工作的基础，是每个领导干部都应具备的职业道德，更是担当作为的前提。领导干部要以求真务实的理念、无私奉献的情怀、久久为功的定力，坚持做到干一行爱一行，钻一行精一行，履职尽责，主动担当。领导干部要兴求真务实之风，谋脚踏实地之效；怀为民奉献之心，倾为民干事之情；立坚定不移之志，铆坚贞永固之力，履职尽责，主动担当。

无论任何时候，该做的事，要知责负重、攻坚克难，顶着压力也要干；该负责的事，要挺身而出、冲锋在前，冒着风险也要担。习近平总书记强调：“抓落实，一把手是关键，要把责任扛在肩上，勇于挑最重的担子，敢于啃最硬的骨头，善于接最烫的山芋，把分管工作抓紧抓实、抓出成效。”责任和担当是领导干部讲党性的根本要求。领导干部从事一个岗位，便要坚守一份责任、挑起一份担当，这样才能将发展的痛点、难点、堵点变成工作的亮点、特点、闪光点。

时刻保持“满电状态”，拧紧“责任螺丝”，把问题想在前面，功夫用在平时。习近平总书记强调：“良好的精神状态，是做好一切工作的重要前提。”责任“悬空”，工作就会“落空”，领导干部只有时刻“在状态”、适应“新姿态”，做到任凭风浪起、勇开顶风船，在危机中育新机、于变局中开新局。

补位体现的是担当精神、责任意识、大局观念，并非是占位、越位、抢位。一个团队如一台机器，在其中工作的人就是这部机器的零部件，不管哪一个零部件出了问题，都会影响整个机器的运转。能否补位是衡量干部是否称职的一条重要标准，但补位不是干预插手、越俎代庖、包办代替。相互补台，好戏连台；相互拆台，一起垮台。领导干部干工作首先要找准自己的定位、干好分内工作，不多事、不误事、不坏事。

传导责任不是推卸责任，传导压力不是推卸压力。习近平总书记强调，“担当就是责任，好干部必须有责任重于泰山的意识”，“为了党和人民事业，我们的干部要敢想、敢做、敢当”。领导干部要履责不“推责”，担责不“甩锅”，层层把责任担在肩上，人人把使命放在心上，始终做到人在岗上、身在事上、心在责上。

身体力行是最有效的示范，以上率下是最有力的引导。习近平总书记强调，“领导机关和领导干部必须做表率、打头阵”。领导带头，万事不愁；攻坚克难，首看标杆。领导干部要少做“指挥员”，多做“战斗员”；喊破嗓子，不如甩开膀子。只有处处以身作则、率先垂范，说话才有底气，办事才能硬气，大家才会服气。

防止“责任甩锅”，纠正“问责走样”。层层压实责任，不能层层推卸责任；一级抓一级，更要一级带一级。权力不能任性，问责亦不能任性。上级部门要制订责任清单、厘清职能职责，实现权责统一，变层层推卸为主动作为、变发号施令为事必躬亲、变高高在上为脚沾地气，从源头上消除官僚主义和形式主义，让基层干部轻松上阵。

千难万难，畏难才真难；这难那难，克难就不难。大石拦路，勇者视为前进的阶梯，弱者视为前进的障碍。“惟其艰难，方显勇毅；惟其磨砺，始得玉成。”一个人最大的破产是绝望，最大的资产是希望。事到难处须放胆，越是艰险越向前。领导干部在困难和矛盾面前不能止步不前、绕道而行、半途而废，而要敢于吃螃蟹、涉险滩、破藩篱、担责任，扛得了重活、打得了硬仗、担得了重任。

着力增强越是艰巨越向前的斗争心态，面对任何重点难点、复杂艰巨任务都不能“㞞”，敢于知难而进，迎难而上。习近平总书记指出，“前进道路不会一帆风顺”，要“敢于斗争、善于斗争，知难而进、坚韧向前”。领导干部要保持斗争心态，坚持斗争精神，踏平坎坷成大道，斗罢艰险又出发，才能不断夺取伟大斗争新胜利。

天下大事，必作于细，把优秀养成一种习惯，把卓越当成一种标准。习近平总书记指出：“小事小节是一面镜子，能够反映人品，反映作风。小事小节中有党性，有原则，有人格。”领导干部必须重视小事小节，要一丝不苟、严谨细致，树立精品意识，从细微处着手，向最高标准看齐，力求做到最好。

抓细抓小，落细落小，才能积尺寸之功，收穿石之效；严字当头，实字打底，才能防止前紧后松，避免踩空走虚。抓落实，贵在持之以恒，也难在持之以恒。日拱一卒，功不唐捐；以尺寸之功，成千秋伟业。严终如始，则无败事；坚持不懈，则功到自然成。领导干部抓落实既需要抓深抓细抓实，也要坚持不懈、持之以恒。

一天一天抓实，一月一月抓紧，一年一年抓好。习近平总书记强调：“抓落实就好比在墙上敲钉子：钉不到点上，钉子要打歪；钉到了点上，只钉一两下，钉子会掉下来；钉个三四下，过不久钉子仍然会松动；只有连钉七八下，这颗钉子才能牢固。”精进在于积累，成功在于坚持。领导干部必须用常抓的韧劲，在慎终如始中抓落实，既要抓实、抓紧、抓好，保持真抓实干的作风，又要每一天、每一月、每一年锲而不舍地用力。

走好每一步，抓紧每一天，干好每件事。工作是干出来的，不是吹出来的。只有铆足“丁是丁、卯是卯”的真劲，坚持把高标准树立起来，把严要求落实下去，干一样成一样、好一样，走好每一步，抓紧每一天，干好每件事，才能推动工作取得新业绩、发展取得新成效。

发扬工匠精神和钉钉子精神，一年接着一年干，一锤接着一锤敲，锲而不舍、久久为功，把每项工作都做实做细、落到实处。

邓小平同志曾说："我们的事业总是要求精雕细刻，没有一样事情不是一点一滴的成绩积累起来的。"不求绝对完美，但求精益求精、尽善尽美。领导干部要以"干就干最好、争就争一流"的信心和勇气，凡事自我加压、跳起摸高，坚持不懈追求完美、拥抱极致、追求卓越。

坚持"一张蓝图绘到底"，不能"新官不理旧账"，切忌搞劳民伤财的瞎折腾。习近平总书记指出："一张好的蓝图，只要是科学的、切合实际的、符合人民愿望的，大家就要一茬一茬接着干。"政贵有恒，治需有常。领导干部为官一方、为政一时，唯有一以贯之、挂"图"作战，敢接烫手山芋，克服政绩冲动，让旧账到此为止，不反复、不折腾，才能走好新时代蓝图变实景的"长征路"。

拜人民为师，向人民学习，放下架子，扑下身子，接地气，通下情。习近平总书记强调："在人民面前，我们永远是小学生，必须自觉拜人民为师，向能者求教，向智者问策。"人民群众有无穷智慧，基层实践有万千高招。对群众要有感情，对工作要有激情。领导干部坚持向基层学习、向群众学习，去除"官僚气"，多沾"泥土气"，为群众多办实事好事、多解难事。

## 当领导干部得明履职尽责之理

每一个岗位都有相应的职责职能。领导干部是党的事业的骨干，是人民的公仆，无论职位大小、职务高低，都应当自始至终清楚地认识到自己的职责职能是什么，时时刻刻牢记应该做什么、不应该做什么，哪些是必须做的、哪些是不能做的。也就是说，领导干部要自觉按职责职能做好领导工作。

聚焦主责主业，按照角色做事。对于领导干部而言，“领导”是岗位，“干部”是角色，立足岗位、把握角色，是做好领导工作的必然要求。做好本职工作是每个人最基本的职业道德，也是对工作最基本的要求。每一个领导干部都会经历不同的工作岗位，不同的工作都会有自己特定的职责职能。学会适应不同的工作岗位，知晓每一个岗位的职责职能，掌握每一项工作的规律特点，厘清每一项业务的边际界限，是领导干部做好本职工作的前提和基础。领导干部做到围绕中心、服务大局，找准自己的主责主业和工作的重心，在大局工作和中心工作中谋划、思考、推进主责主业，找准工作着力点和切入点，聚焦关键领域、关键环节、关键问题，抓住关键部门、关键人员，集中精力，持之以恒，定能把自己的本职工作做出色、做精彩。牢记角色定位，演好每个角色。每个人都在社会的“大舞台”上扮演着某种角色，只有人人都扮好自己的角色，各安其位、各守本分、各尽其责、各显其能，社会秩序才能正常运转。领导干部处于一个特殊的岗位，扮演着一个特殊的角色，必须对党和人民赋予的权位、权力常怀敬畏之心，牢记自己的“角色定位”，恪守自己的“角色边界”，明白自己的“角色担当”，忠于自己的“角色使命”，抓实抓好自己的岗位工作。无论当“班长”还是当“成员”，都要按照角色规定的使命要求、职责分工、管理权限、程序方法来行使自己的权力，履行自己的职责。

思路决定出路，想法决定方法。理念是行动的先导，思想是实践的指南。一个人持有的理念、思维、思想决定他会走什么样的路、能走多远的路。正确的理念、思维、思想来自科学的世界观和方法论。领导干部必须具备科学的思想方法。毛泽东同志曾说：“领导者的责任，归结起来，主要地是出主意、用干部两件事。”出主意，就是出思想、出思路。思路宽，方法就多，就能有效解决问题，更好推进工作和事业；思路多，选择就多，就能从千头万绪中找到一个最优方案、最佳路径，成功的概率就大。领导干部在实际工作中经常会遇到各种各样的矛盾和问题，如果思路开阔，就会看到“条条大路通罗马”，要常发“非常之想”，进而形成“非常之举”，最终成就“非常之事”。解放思想是个宝，思路一变天地宽。思路开阔很大程度上源于思想方法和思维方式。思维变，理念变；理念变，思想变；思想变，思路变。领导干部思路开阔，关键在于坚持解放思想、实事求是、与时俱进、求真务实，不因循守旧、不本本主义、不故步自封、不僵化不前。开阔思路，最根本的在于要常学习、多借鉴、勤实践。领导干部要把马克思主义哲学作为“心学”，树立科学的思维理念，变保守思维为创新思维、单向思维为多向思维、封闭思维为开放思维、机械思维为辩证思维、坚持好理论联系实际，处理好普遍与特殊、整体与局部、主要与次要、继承与创新等关系，举一反三、统筹兼顾、融会贯通，才能做到观察形势有新视角、推进工作有新思路、解决问题有新办法，使各项工作体现时代性、富于创造性。

抓好班子、带好队伍、管好自己。国以人兴，政以才兴。抓好班子、带好队伍、管好自己，是领导干部特别是主要领导干部的一项重要工作职责，也是检验领导干部能力水平的重要指标。火车跑得快，全靠车头带。抓班子带队伍，是每位领导干部的分内之事、当尽之责。好干部不会自然而然产生，要成长为好干部，一靠自身努力，二靠组织培养。领导干部特别是主要领导干部必须扛起抓班子、带队伍的责任，围绕素质培养、知事识人、选拔任用、从严管理、正向激励五大体系，紧扣优化领导班子功能结构、提升干部队伍整体能力素质、转变干部思想作风等重点，以身作则，言传身教，切实带出思想上清醒、政治上坚定、行动上自觉，平常时候看得出、关键时刻站得出、危急关头豁得出的领导班子和干部队伍。正人先正己，示范最有力。干在前、走在前是最强的领导、最好的履职。领导干部要担负起凝聚人心、引领发展的职责，必须时时处处严格要求自己，身体力行作表率，以模范行动影响人、感召人、带动人。凡是要求大家做到的自己先做到，要求大家不能做的自己先不做，带头提素质强本领，带头勇挑急难险重任务，带头真抓实干，带头讲纪律守规矩，关键时刻站在前面，危急关头冲在前头，才能让人信任信服，凝聚干事创业强大力量。

既要发扬民主，又要善于集中。决策力是领导力的核心。决策是领导干部的基本职责和首要任务。坚持民主集中制，从各方面意见中凝聚决策智慧，是科学决策的重要方法。领导干部作出决策前，既要重视发扬民主，广泛听取意见、建议，又要善于集中大多数人的智慧进行拍板决断，才能保证决策科学正确。民主集中制既是领导方法又是领导艺术。民主和集中互为条件、相辅相成、缺一不可，只有民主没有集中，就会导致群龙无首、各自为政，议而不决、决而不行；只有集中没有民主，就会导致脱离群众、作风霸道，都不利于事业的发展。领导干部要坚持民主集中制，把贯彻民主集中制作为一种领导能力来提升，作为一门领导艺术来掌握。一百个行动也挽回不了一个错误的决策。这是管理学上的一句名言，意指领导者作出科学决策至关重要。决策水平高低关系一项工作的成败，关乎一个地方一个单位的发展。世事纷繁复杂且千变万化，通常凭借一个人有限的知识、才智、经验，不可能什么都看得懂、看得清、看得准。坚持民主集中制是作出科学决策的重要前提。科学决策必须深刻认识事物本质规律、找准矛盾问题所在、正确分析预判发展方向。对各项工作和重大事项的决策，只有充分开展讨论、征求意见，把多数人的智慧凝聚起来，才能更好地认知把握事物的本质特点和规律，进而作出科学正确的决策。

落实没有借口。领导之要，贵在落实；落实之要，贵在执行。领导干部抓执行抓落实是理所应当的分内之事。千忙万忙，不落实就是空忙。抓落实，是各级领导干部的重要职责和基本素质，也是干部态度、职责和能力的一种具体体现。领导工作必有执行落实。一个领导干部的执行落实力最能检验其政治素质和政治品格的高低、精神风貌和工作作风的好坏、能力素质和服务水平的高下。再好的规定，如果不执行，就会形同虚设；再完善的制度，如果执行不力，也会流于形式；再美的蓝图，如果执行不彻底，也只会是镜中花、水中月。领导干部必须具备将思想化为行动、制度成为实效、理想变为现实的落实力，这样才能有所作为、卓有成效。千招万招，抓落实才是真招。领导干部抓落实，应当敢于担当尽责，自觉把责任扛在肩上，用抓落实践行忠诚担当，敢于啃硬骨头，勇于向顽瘴痼疾开刀。应当具有过硬本领，学习掌握事物矛盾运动的基本原理，不断强化问题意识，积极面对和妥善化解工作中遇到的矛盾和困难。应当掌握科学方法，在吃透上情、摸清下情上下功夫，在突出重点、带动全面上下功夫。应当保持过硬作风，坚决反对表态好、行动差，说得多、做得少，调门高、标准低等现象，力戒形式主义、官僚主义。

# 夯实为政之基

## 领导干部要有基本功

从事任何工作都必须具备基本的才能、知识和技能，也就是我们常说的基本功。“基础不牢，地动山摇。”没有扎实的基本功打底，就如同在淤泥上盖高楼，即使再漂亮，也是立不稳的。从事领导工作更加需要具备一些基本功。只有基本功扎实，工作才能平稳运行，才有可能出新出彩。领导干部应当着重练好以下基本功。

专注的能力。要攀登事业顶峰，就要心无旁骛专攻主业。专注是取得成功的重要原因。要想做好一项工作，就必须心无杂念、专心致志。“守少则固，力专则强。”“不一则不专，不专则不能。”人的精力十分有限，心思分散则将一事无成。真正的成功，是坚持做好一件事，这样一定会成为这个行业的专家。黄大年教授回国后一心一意致力于深地资源探测，昼夜钻研、攻克难题，带领科学家团队创造了多项“中国第一”，登上了科技高峰、事业顶峰。深度工作，专注才能专业。“书痴者文必工，艺痴者技必良。”行之专则悟之深。领导干部善于进入深度工作状态并使之成为一种习惯，自然就能够专注专业，从而创造出出类拔萃的业绩。要坚持在研究状态下学习和工作，静下心来、摒弃浮躁，不厌其烦、不畏其难，在专注中干大事、干成事。要坚持精雕细琢、精益求精的理念，发扬工匠精神，立足本职、专攻主业、深耕细作，干一行、爱一行、精一行，力求把工作做到细致、精致乃至极致。绵绵用力，久久为功。孙中山先生说过："无论哪一件事，只要从头至尾彻底做成功，便是大事。"为官一任、为政一方，既要大胆开展工作、锐意进取，又要注意保持工作的连续性、稳定性，决不能朝令夕改、反复折腾。要有"功成不必在我"的精神境界和"功成必定有我"的历史担当，发扬钉钉子精神，把心思钉在岗位上、钉在职责上、钉在具体事务上、钉在一方土地上，一茬接着一茬干、一锤接着一锤敲，善始善终、善作善成。

识人用人的能力。识人用人是领导干部的一项重要工作，做好了也是政绩，而且是更为重要的政绩。当然，识人用人从来都不是一件简单的事。领导干部如果不能知人之短、知人之长、知人长中之短、知人短中之长，则不可以用人、不可以教人。"治天下惟以用人为本"，尚贤者，政之本也。用一贤人则群贤毕至，见贤思齐就蔚然成风；选人用人如果不公，就会助长歪风邪气，出现劣币驱逐良币的逆淘汰现象。作为领导干部，特别是一个地方、一个部门的主要领导，不仅要把抓发展、抓业务作为主要工作，还要把选人用人作为更重要工作记在心上、扛在肩上、抓在手上、落实在行动上，敢抓敢管，使举贤、用贤成为共识，这样才能让更多的人聚到党和人民的事业中来。用人之要，莫先于识人。知人不深、识人不准，往往会出现用人不当、用人失误，给事业发展造成重挫。只有把人识准了、用好了，我们的事业才会有可靠的干部和人才基础，才能健康持续地向前发展。要把功夫下在平时，经常性、近距离、有原则地接触干部，多渠道、多层次、多侧面地了解干部，全面、历史、辩证地认识干部。通过观察干部对重大问题的思考，看其见识见解；观察干部对群众的感情，看其立场情怀；观察干部对名利的态度，看其格局境界；观察干部为人处世的方式，看其道德品质；观察干部处理复杂问题的能力，看其综合素质。要用好“显微镜”看现状，更要善用“望远镜”看潜质，把党和人民需要的好干部及时发现出来。实践出真知，干部干得好不好，能不能胜任工作，要靠实践来检验。要敢于把那些有潜质、品质好的干部放到艰苦岗位、关键岗位上去磨炼，放手、放心、放权，让他们独当一面、大胆地开展工作，帮助他们成长成才。要敢于打破论资排辈、迁就照顾和凭个人好恶选人用人等陈旧观念，突出政治标准和政治素质考核考察，大力选拔重用那些忠诚于党、担当干事、作风扎实的好干部。要把研究人和研究事结合起来，知事识人、以事择人，用当其时、用当其位、用其所长，做到德配其位、才配其位。

决策拍板的能力。领导工作的过程，就是研究、制定和实施决策的过程。哪里有领导工作，哪里就有决策。成功的决策可以推动事业发展，失败的决策则会劳民伤财，给地方和部门发展带来损害。可以说，决策正确是决定事业成功的关键，决策失误是最大的失误。日常工作中，我们常常把决策和拍板连用，形象地说明了领导干部肩负的决策之能、决断之责。对领导干部来说，不敢决策拍板，当断不断，是失职；胡乱决策拍板，脱离实际，是渎职。敢不敢决策拍板、会不会决策拍板，体现的是领导干部的决策水平、担当意识和实干精神。谋要众，断要寡。决策拍板的过程，就是一个集思广益的过程。无论什么决策方案，在酝酿过程中，都要充分发扬民主，善于听取各方面的意见、建议，这样能够有效地减少和防止决策失误，更有利于将正确的决策变为干部群众的统一意志，形成推动工作的强大合力。但在最后阶段，要有敢于拍板、果断拍板的胆识和气魄，认准的事情就要大胆地干，争取最后的成功。“当断不断，反受其乱。”拍板讲求的是坚决果断、干净利落，忌讳的是优柔寡断、拖泥带水。“机不可失，时不再来”，机遇往往都是转瞬即逝的，只有抓住决策的黄金期，才能以最小的成本获得最大的收益。要不断提高“善决断”的能力，注重研究分析、知形识势，精准科学地定好盘子、厘清路子、开对方子，该作决定的时候就当机立断、果断行事，千万不能患上“选择困难症”。当然，敢于决断也不是说刚愎自用、拍脑袋决策，主要是防止议而不决、决而不行、行而不果。

攻坚克难的能力。艰难困苦，玉汝于成。困难给人带来痛苦，也砥砺人的进步。领导干部只有经过急难险重任务的考验和大事难事的历练，当过几回“热锅上的蚂蚁”，才能不断提高克难奋进的能力素质。工作在攻坚克难中推进，成绩在攻坚克难中创造，能力在攻坚克难中提升，威信在攻坚克难中树立，每破解一个难题，能力和素质就提升一个层次，境界和格局就有新的拓展。反之，如果畏难止步，就只能在低层次和原有的水平上停留，很快就会遇到自己职业的“天花板”。困难像弹簧，你弱它就强。很多时候，困难、风险、危机、曲折并不可怕，关键在于勇敢面对、攻坚克难。“为有牺牲多壮志，敢教日月换新天。”越是面临挑战，越要处变不惊，始终以“明知山有虎，偏向虎山行”的英雄气概和“逢山开路、遇水架桥”的进取精神，朝着问题走，迎着困难上，在大是大非问题上坚定不移，在改革发展稳定工作中敢于碰硬，在全面从严治党上敢于较真，敢于跨越复兴路上的“雪山”“草地”，决不在困难面前低头，不在挑战面前退缩。永远拥有英雄气概十分重要。既要有攻坚的宽肩膀，又要有克难的真本领。敢于攻坚克难，是领导干部敢于担当的具体体现，但只有“敢”还不够，解决好新时代面临的重大挑战、重大风险、重大阻力、重大矛盾，还必须有破解难题的先手和高招。要增强能力不足的危机感，注重培养专业能力、专业精神，补齐知识空白、经验盲区、能力弱项，练就“几把刷子”，牢牢掌握工作主动权。本领是学出来的、悟出来的，更是干出来的。要勇于到基层一线和矛盾集中、困难较多的地方“接地气”，在干事中长本事、在历练中变老练，当好新时代的“答卷人”。

# 领导干部要具备的资本

作为一名领导干部，拥有的资本越多，领导本领越高，竞争力就会越强，所取得的成就也就会越大。尽管每个地方、部门和单位的领导干部职能职责各不相同，但都离不开以下几种资本。

当领导干部必须拥有品德资本。“德不配位，必有灾殃。”为人要讲品行，从政要讲政德，丢掉了为政之德，失去了从政良知，就肯定会犯错跌跤，甚至走向违法违纪的深渊。作为掌握公权力的领导干部，不仅要才配其位，更要德配其位，这样才能以良好的道德品行为群众作出表率，用道德力量去感召群众、凝聚人心。为官之道，德在其首。不管是在革命战争年代还是和平建设时期，德才兼备、以德为先始终是我们党的干部路线。小成凭智，大胜靠德。有德有才，大力重用；有德无才，培养使用；无德无才，坚决不用。领导干部的品德不会随着年龄的增长或职位的提升而自然提高，必须依靠日积月累的修养，以学长德、以善塑德，这样才能在工作、学习、生活中增强道德凝聚力和感召力，做到德行如一、知行合一。作为新时代的领导干部，要把对党忠诚，当老实人、讲老实话、做老实事作为人生信条。德莫高于爱民。政德是民风的先导。领导干部要有更高的道德境界，绝不是道德苛求，而是履行好党和人民赋予职责的内在要求，必须在从我做起、从小事做起上，在坚守前进方向、坚守理想信念、坚守正义良知上带好头、领好向。领导干部要始终将人民放在心中最高位置，将人民对美好生活的向往作为奋斗目标，常念民生之艰、常思贪欲之害、常修为政之德、常怀律己之心，以道德的力量赢得民心，赢得事业成就。

当领导干部必须拥有知识资本。知识是最显而易见的领导资本，是领导干部的立身之本和从政之基。知识储备的数量与质量，直接决定了领导水平的高低、工作效率的优劣。新时代的领导干部，应当聚焦政治理论、国情国策、历史文化、法律法规、经济管理、科学技术等方面的知识，借力深厚的学识修养，打磨深邃的思想境界，淬炼纯粹的政治灵魂，升华卓越的领导能力。知识决定底蕴，见识决定水平。当今时代，知识更新的速度越来越快，如果不注意积累，自己储备的知识会“过期”，资本会“贬值”。领导工作的政治性、综合性、复杂性，决定了各级领导干部必须是复合型人才。知识面越宽，思路就越宽，见解就越深刻，分析就越透彻；知识贫乏，方法自然也就不多，甚至无法驾驭局面、推动工作。这就要求我们加快知识更新、优化知识结构、拓宽知识视野，这样才能更好地面向未来、迎接挑战。既要当好领导，又要成为专家。随着社会分工越来越细，各项工作对专业化、专门化、精细化的要求越来越高。既要学习掌握与领导工作相关的各种科学知识，又要结合工作需要，学习相关业务知识，坚持干什么学什么、缺什么补什么，有针对性地学习掌握做好领导工作、履行领导职责必备的各种知识，使自己真正成为行家里手、内行领导。知行合一，学以致用。既要读万卷书，又要行万里路。正确的知识，可以减少行动的盲目性。要把学到的知识运用到工作中，这是最终的目的和归宿。要坚持学习工作化、工作学习化，整合各种不同的知识，把理论知识转化为分析、处理问题的能力。

当领导干部必须拥有能力资本。人在社会上立足，靠的是能力。能力是领导干部开展领导活动、完成领导任务不可或缺的基本条件和重要保证。职务越高，本事就要越大。在其位，就要谋其政、履其职、担其责、成其事。党的十九大报告明确提出，领导干部要着力增强学习本领、政治领导本领、改革创新本领、科学发展本领、依法执政本领、群众工作本领、狠抓落实本领、驾驭风险本领。这“八项本领”就是衡量、评判一个干部有没有能力、能不能胜任的重要标尺。领导干部必须以这“八项本领”为目标，不断提高、努力增强，全面提高个人工作能力。无功就是过，平庸便是错。当今时代，各种新情况、新问题、新矛盾层出不穷，更需要干部练就过硬的本领，如果空有一腔担当的热血，却没有干事创业的“两把刷子”，就会心有余而力不足。真本事是学出来的，更是干出来的。本领不是与生俱来的，也不会随着职务的提升而自然提高。领导干部要应对本领恐慌，关键还是要练就一身硬功夫、真本领，把学习与实践贯穿领导工作全过程、各方面，勇于到群众最需要的地方、急难险重现场、乡村振兴一线去摸爬滚打、砥砺磨炼。

当领导干部必须拥有智慧资本。古语云：“智者不惑，仁者不忧，勇者不惧。”智慧是真正的力量。马克思主义哲学是最高的智慧，为我们党提供了最科学、最锐利的世界观和方法论，提供了认识处理问题的立场、观点和方法。只有具备智慧资本，才能对大局精准地把握与掌控，拥有善于识人用人、勇于决策的胆略，以及举重若轻、化繁为简的技巧，才能够运筹帷幄，决胜千里之外，团结干部群众一往无前。学会选择，懂得放弃。鱼和熊掌不可兼得，有所为、有所不为的辩证法，体现了领导艺术中的智慧，只有审时度势、权衡利弊、扬长避短、把握时机，才能拥有属于自己的成功。事必躬亲的人是当不好领导的。大处着眼，小处着手。作为领导干部，首先要从"大处着眼"，从全局长远观点出发考虑主要的关键的问题，善于抓住主要矛盾，工作才有中心，才有重点，才有明确的目标，才能推动全局性工作。其次要盯住"小处着手"，饭要一口一口地吃，事要一桩一桩地做，任何决策作出后，都必须落实在具体细节上，一点一滴地去努力、去突破，先小后大、先弱后强，积小胜为大胜。刚柔相济，动静相宜。"刚"与"柔"的把握，"动"与"静"的运用，自古都是统御的谋略，其中蕴含着诸多领导智慧。"刚柔""动静"是事物的两个不同侧面，也是领导艺术的有力表现，刚能胜柔，柔也能克刚；以静制动，动中有静。在实际工作中，领导干部要学会原则上坚定、决策上果断、行动上坚决，要学会策略上灵活、作风上民主、待人上谦和，既能举重若轻，又能举轻若重，把握好尺度，就能打开工作局面，走出一条具有独特智慧的为政之道。

当领导干部必须拥有权威资本。权力是权威的重要源泉之一，而权力的本质是影响力，其主要来源有两个方面，即"硬权力"和"软权力"。作为领导干部，要把权力转化为权威，提升使人信服的力量和威望，才能说话有人听、指挥有人应、办事有人跟。以权服人，让人不敢不服。位高自然权重。领导干部担任着一定的职务，必然会拥有一定的权力，具备一定的权威。但权力的本质和来源是组织和群众的信任。所以，作为领导干部，有权也不能任性，要审慎地对待和运用手中的权力。干部在位时受到拥戴并不值得炫耀，难能可贵的是卸任后仍然受到拥戴。这种拥戴来自对人公道正派，对事依法依规。领导干部必须正确看待权力，绝不妄为。以才服人，让人不能不服。领导干部要树立威信，就必须把职业当事业，把挑战当机遇，努力使自己的能力与担任的领导职责相匹配，以最大的热情投入到本职岗位，面对危机不慌乱，面对问题有办法，在危机中找转机，在矛盾中求突破，在学习实践中增长才干。以德服人，让人心悦诚服。不少优秀领导干部，能把干部群众紧紧拧成一股绳，心往一处想，劲往一处使，靠的不是手中权力，而是自身的人格魅力。领导干部公道正派、甘于奉献、以身作则、秉公处事，其个人魅力自然彰显，也就会获得权威资本。

# 当领导干部要有“几把刷子”

在文房四宝中古代文人最引以为豪的是自己的毛笔，当别人称赞他们妙笔生花时，他们往往谦称是因为自己有“几把刷子”。久而久之，形容一个人有“两把刷子”，就是指这个人有本事、有能力。习近平总书记指出，领导干部要做到政治过硬、本领高强。这就要求我们要与时俱进补齐能力短板，提升专业化能力，增强解决问题、驾驭复杂局面的能力。面对新形势、新任务、新要求，领导干部必须要有新担当、新作为，而前提是一定要有“几把刷子”。

## 促改革、抓发展、保稳定的行家里手

改革、发展、稳定是内在统一的有机整体。改革是发展的动力，是实现长期稳定的基础；发展是改革的目的，是稳定的根本所在；稳定则是改革、发展的前提和保障。习近平总书记曾作过一个形象的比喻：处理好改革、发展、稳定的关系，就好比骑自行车，骑得太慢不动会摔下来，骑得太快则容易栽跟头。只有根据不同路况，把握不同速度，才能掌握平衡，骑得又快又稳。由此可见，处理好改革、发展、稳定三者的关系是十分重要的领导能力和领导艺术，要在社会稳定中推进改革发展，通过改革发展促进社会稳定，把改革的力度、发展的速度和社会可承受的程度统一起来。举网以纲，千目皆张。三者统筹兼顾，真正融会贯通，定能得心应手。

坚定不移推动科学发展。发展是硬道理，是我们党执政兴国的第一要务。抓住了发展，就抓住了解决一切问题的关键。要以新发展理念引领发展，把新发展理念贯穿发展始终，成为领导干部的自觉行为。要以经济增长支撑发展，准确把握经济发展大形势、产业发展大趋势，走出一条符合本地实际、富有自身特色的经济发展路子。要以民生改善巩固发展，坚持以人民为中心的发展理念，让全体人民共享新时代发展成果，更好地推动人的全面发展、社会全面进步。

与时俱进勇于改革创新。改革是强国之路，是经济社会发展的主要动力。要解放思想想改革，始终保持思维的活跃性、思想的敏锐性、思路的开拓性，用解放思想这把钥匙打开故步自封、因循守旧、抱残守缺、不思进取这扇门。要真抓实干真改革，敢想敢干、敢闯敢试，凡是制约发展的体制机制弊端都要大胆革除，凡是束缚创新创业手脚的管理方式和工作方法都要彻底改变，在推动质量变革、效率变革、动力变革上实现新突破，走出一条依托重点领域改革突破带动、体制机制同市场完全对接、充满内在活力的新路子。

以人为本维护和谐稳定。稳定是压倒一切的。没有稳定的社会政治环境，改革发展就无从谈起。要防患未然，牢固树立“不出事就是大本事”的理念，不断增强风险意识，未雨绸缪、防微杜渐。对群众关注的热点问题及时回应，对群众反映的难点问题尽快解决，在维权中维稳，做到发现在早、处置在小，从源头上减少和消除矛盾纠纷，避免“小事拖大、大事拖炸”。要沉着应对不怕事，既沉着冷静，又快速反应，摸清情况、冷静分析，找准矛盾和问题的根源，切实做到诉求合理的解决到位、诉求无理的教育到位、生活困难的帮扶到位、行为违法的处置到位，把群众的愁容、怒容变为笑容。

## 信念、政治、责任、能力、作风五个方面都能过硬

习近平总书记对领导干部提出了“信念过硬、政治过硬、责任过硬、能力过硬、作风过硬”的要求，吹响了锻造新时代合格“答卷人”的号角。“五个过硬”是一个有机整体，每一个都有明确指向，都是具体实在的。总的来看，信念过硬是安身立命的根本，政治过硬是为党工作的前提，责任过硬是履行职能的基础，能力过硬是干事创业的支撑，作风过硬是行稳致远的保证。领导干部是不是真的有“几把刷子”，重点就是看其能否做到“五个过硬”，也只有做到“五个过硬”，才能担负起党和人民赋予的新时代使命任务，作出经得起实践、人民、历史检验的实绩，交出满意的时代答卷。

信念过硬坚如磐石。心中有信仰，脚下有力量。习近平总书记指出：“我们共产党人的根本，就是对马克思主义的信仰，对社会主义和共产主义的信念，对党和人民的忠诚。立根固本，就是要坚定这份信仰、坚定这份信念、坚定这份忠诚。”形象地说，理

想信念是共产党人精神上的“钙”，没有理想信念，理想信念不坚定，精神上就会“缺钙”，就会得“软骨病”。领导干部应自觉用马克思主义科学理论特别是习近平新时代中国特色社会主义思想武装头脑，坚定“四个自信”，带头做共产主义远大理想和中国特色社会主义共同理想的坚定信仰者和忠实实践者。要把理想信念的坚定性体现到做好本职工作的过程中，苦干实干，以自己的实际行动让党员群众感受到理想信念的强大力量。

政治过硬旗帜鲜明。对领导干部来说，政治问题任何时候都是根本性的大问题。要牢固树立“四个意识”，把坚决维护习近平总书记党中央的核心、全党的核心地位，坚决维护党中央权威和集中统一领导作为最大的政治。要加强政治历练，善于从政治上观察问题、分析问题、解决问题，善于从政治上谋划、部署、推动工作，遇事多想政治要求，始终坚持正确的政治立场、政治方向、政治原则、政治道路，自觉做政治上的明白人、老实人。

责任过硬真抓实干。“知责任者，大丈夫之始也；行责任者，大丈夫之终也。”职务就是责任，责任就要担当。责任过硬，关键在于把党的信任重托和人民的期待时时放在心上，把对历史和人民的责任处处扛在肩上，创造出无愧于新时代的业绩。要树立正确政绩观，解决好“为谁树政绩”的问题，始终站稳人民立场，把实现好、维护好、发展好最广大人民的根本利益作为出发点和落脚点，只要是科学的、切合实际的、符合人民愿望的事情，就要一茬一茬接着干，让广大群众共享改革发展成果。功名潜显皆堪立，不忘初心为人民。要树立“功成不必在我”的境界，静心做事，久久为功，以钉钉子精神担当尽责，抓出实效，使各项工作既为一域争光、又为全局添彩。

能力过硬善作善成。“工欲善其事，必先利其器。”领导干部不仅要想干愿干积极干，更要能干会干善于干；不仅要有担当的宽肩膀，还要有成事的真本领。要牢固树立终身学习的理念，始终保持“入山问樵，入水问渔”的求知精神，努力加快知识更新、优化知识结构，不断掌握新知识、熟悉新领域、开阔新视野，打造又博又专、推陈出新的素养结构，全面提高领导水平和专业化能力。要努力加强实践锻炼，主动投身到群众最需要的地方、急难险重一线、乡村振兴一线去摸爬滚打、砥砺品质，去检验自我、增长才干。

作风过硬植根人民。作风问题本质上是党性问题。作风就是战斗力。领导干部的作风直接关系党内风气和政治生态，关系民心向背。作风建设永远在路上，只有进行时没有完成时，切不可有松劲歇脚的想法。作风过硬就要练好调查研究基本功。大兴调查研究之风，放下架子、扑下身子，既到工作开展得好的地方去总结经验，又到群众意见多、工作做得差的地方和困难多、情况复杂、矛盾尖锐的地方去摸实情、找办法。作风过硬就要深入践行党的群众路线。要经常迈进群众的门槛，把工作做到群众的心坎上，“身入”群众更要“心入”群众，把群众的事当成自己的事来办，真心实意地纾民困、排民忧、解民难。

### 抓班子带队伍有力又有效

“政以才治，事以才兴。”任何工作都是人干出来的，没有一个坚强有力的班子，没有一支过硬的队伍，再坚定的理想、再远大的目标都是空中楼阁。一个好的班子是抓出来的，一支好的队伍是带出来的。领导干部特别是主要领导，不仅要把抓发展、抓业务作为主要工作，也要把队伍建设作为重要工作抓在手上、落实在行动上。抓好班子、带好队伍，是领导干部一项重要的工作职责，也是检验领导能力的重要指标，要成为各级领导干部的自觉行动。

要当“班长”不当“家长”。班子强不强，关键在“班长”。领导干部特别是“一把手”，要带头执行民主集中制，重大问题、重要事项都要经过集体研究，善于把党委一班人、几大班子和各级干部智慧集中起来，做到总揽不包揽、领唱不独唱、分工不分家。要善于统筹协调，学会“弹钢琴”，充分调动一切积极因素、整合一切有效力量、激活一切工作激情，发挥好每个班子成员的作用。要敢于担当，主动承担责任，为敢于担当的下属担当，为敢于负责的下属负责。

要搞好团结不制造心结。“万夫一力，天下无敌。”团结就是力量，团结出凝聚力、生产力、战斗力，团结也出干部。要能容人容言容事，对别人的缺点和做得不到位的地方，要善意提醒，真心补台，经常扯扯袖子、咬咬耳朵，多一些耐心、理解和支持，注意听取班子成员意见，带头增进和维护班子团结，善于营造同志加兄弟般的工作环境，做到思想上合心、工作上合力、行动上合拍，特别要注意同那些与自己有不同意见的同志交心谈心，坚决不搞那种表面看一团和气、实际上相互较劲、互相设防的虚假团结。

要任人唯贤不任人唯亲。用一贤人则群贤毕至。选人用人是

“风向标”，反映着领导干部提倡什么、反对什么，会对广大党员干部产生无形的示范和引导。旗帜鲜明树立正确用人导向，要坚持好干部标准和高素质专业化，坚持公道正派、精准科学，坚持注重实绩、群众公认，以好的作风选作风好的人、以对党忠诚选忠诚于党的人、以事业为上选担当干事的人，大力整治选人用人不正之风，让权力真正掌握在对党忠诚、对人民负责的人手里。

要放手但不放任。从严带好队伍，既放手让干部大胆工作，又不放任自流，既管事管人又管思想，做到严管厚爱。工作上严格要求，有一是一、客观公正、敢于批评，加强对干部的日常教育管理、激励约束。相处中要将心比心，领导和下属工作中有上下级之分，但人格上都是平等的，绝不能无理谩骂、随意呵斥下属，以心换心，才能万众一心。成长上创造机会，甘于做其他同志的“阶梯”，既抓工作又育人，既出成绩又出干部，让干部始终在充满希望的氛围和环境中工作。

### 口能言、身能行，时时处处作表率

“口能言之，身能行之，国宝也。”衡量一个干部是否优秀的重要方法，就是听其言、观其行。领导干部要“唱功”好，更要“做功”好，不能当语言上的巨人、行动上的矮子。领导干部的一言一行都是导向，做得好，就树起一根标杆，带动一片干事创业正能量；做得不好，就会“上梁不正下梁歪”，产生负面效应，使工作大打折扣。

能言善言讲“金句”。“一言可以兴邦，一言可以丧邦。”口能言是为官从政的一项基本功。习近平总书记重要讲话中包含着许多振聋发聩、脍炙人口的“金句”。一些领导干部不会说话：与新社会群体说话，说不上去；与困难群众说话，说不下去；与青年学生说话，说不进去；与老同志说话，给顶了回去。说话的背后是感情、是思想、是知识、是素质，说话是一门“技术活”。要重视自己的每一次讲话，全面掌握情况，具备清晰的逻辑思辨能力和思路，用自己独到见解和通俗易懂的语言，把话讲到要害处，方便别人听得明白、记得清楚。要“言之有物、言之有理”，多一些源于基层实际的“原创”和反映群众呼声的“原唱”，多一些“本地话”，少一些“普通话”，使官声与民声对接，让语言变成推动工作的力量，实现其价值。

能干会干“行必果”。“为政之要，贵在力行。”干部是干出来的，就是要干字当头、先干一步。要涉猎十八般武艺，在应对各种复杂形势、处理各类挑战中成为一专多能、善打硬仗、能打硬仗的“多面手”，让“打铁的人”成为“铁打的人”。要做到“术业有专攻”，不断更新专业知识、提高业务能力，全面熟悉掌握本行业本部门的领导工作规律，提升自身专业化能力。要立即做、马上办，执行有力、反馈及时，提高“复命意识”和“画句号”的能力，克服拖拉的恶习，把工作落细落小落到实处。

言行一致作表率。领导就是以“言”引导群众，以“行”引领群众。习近平总书记指出，看上去不太会说话，但茶壶煮饺子心里有数，干得很好，这样的人应该是我们喜欢的。当然，做功好，同时唱功也好，那就是锦上添花了。群众会看干部怎么说，更会看干部怎么做。重诺守信彰显的是道德的力量，体现的是党性作风。领导干部要言行一致、表里如一，说出来的话要负责，做出来的事要有结果、有反馈，不能只承诺不践诺。

## 能顶天、可立地，“结合”文章做得好

顶天立地原意是指头顶着青天、脚立在大地上，形容做人光明正大。对领导干部来说，不仅做人要顶天立地，做事也要顶天立地，也就是既要掌握党的路线方针政策和上级的决策部署，又要掌握本地、本单位的实际情况，找到二者的结合点，做好“结合”这篇大文章。

要吃透“上情”，接好“天线”。“做事不由东，累死也无功。”领导工作很重要的内容就是围绕中心、服务大局。怎样把握好中心和大局？就是要准确理解、全面把握党的路线方针政策和上级的决策部署。不但要熟知分管工作的具体政策，而且要熟知其他相关工作的具体政策，在实际工作中才能做到统筹兼顾、举一反三、融会贯通，从而发挥政策的最大效用。要综合分析研究，了解政策出台的形势和背景，不仅要知其然，而且要知其所以然。要全面了解政策的具体内容，准确把握政策的精神实质，有效避免出现理解和执行上的偏差。

要把握“下情”，接好“地气”。各地、各单位情况各不相同，形势的发展变化也日新月异。要深入调研接“地气”，眼睛向下，扑下身子摸实情，与群众同坐一条凳、同吃一桌饭，多听取群众意见，做到情况清、底子明。要带着问题接“地气”，紧紧盯住群众关心的问题，问政于民、问需于民、问计于民，能上百姓的炕头聊天，能下农民的地头问难，为群众办实事、做好事、解难事，当好发展的“主心骨”、群众的“贴心人”。

要立足实际，搞好结合。对上级决策部署既不能简单照搬照

抄、搞上下一般粗，也不能各行其是、搞上有政策下有对策，要做到理论与实际相结合、上情与下情相结合、方向与方法相结合。结合得好，就能出成绩，就能体现水平。要把中央大政方针与本地的实际情况有效地结合起来，加强分类指导，提高驾驭复杂局面和防范风险的本领。要既立足当地，发挥群众首创精神，创造性地开展工作，形成具有本地特色、本地经验的工作成果，又注重学习借鉴先进地区的经验，吸取其他地区失败的教训，取人之长，为我所用。要善于用历史眼光看问题，把过去、现在和未来三个时空关系有机结合起来，注重引入一些新理念、新方法、新思路，实现历史、现实和未来的良性互动。

# 当领导干部这些工作技巧需讲究

技巧，顾名思义就是一些巧妙的技能，是人们在长期的生产生活实践中总结提炼出的一些具有普遍性、普适性的方式方法。日常生活有生活技巧，工农业生产有生产技巧，当干部也有一些工作技巧。有了必备的工作技巧，则可以提高工作效率、营造良好氛围，避免走弯路。当然，技巧不是自然而然就会产生的，也不是千篇一律、一成不变的，如何熟悉掌握乃至灵活运用，与领导者不同的工作岗位、不同的知识水平、不同的经历阅历及不同的性格风格都有很大的关系。以下这些工作技巧，对领导干部更好地履职尽责、出新出彩会有帮助，是在长期的工作实践中总结提炼出的一些认识，可以结合自身实际去体悟、去运用。

## 好记性不如烂笔头

领导干部工作纷繁复杂、千头万绪，面对的人和事很多，需要思考和谋划的工作也很多，为避免转头就忘，更需要把上级安排的任务、当下工作的要点和自己所思所想的心得及时记录下来。

毛泽东同志一生博览群书，经常笔不离手，他在书上大量的圈画和批注，不仅留下了许多珍贵的手迹，而且成为后人研究其生平的重要文献。易忘之事，随笔记载，其重点就是要随手做笔记，不仅有助于将做事的计划明晰化、条理化，而且能够保证尽快落实、提高效率。

最淡的墨水胜过最强的记忆。领导干部要重视做记录。做记录不是做样子，而是要把做记录放到对历史负责、对工作负责、对自己负责的高度去对待，特别是对一些重要会议内容、领导讲话、心得体会要作出详尽记录，这些不仅是做好当下工作的重要依据，更是未来重要的历史痕迹和文献资料，容不得半点马虎和松懈。要善于做记录。领导干部记笔记，关键是要学会记、善于记，起到提纲挈领的作用。一般来说，要特别记住这几项内容：领导交办的任务、会议强调的要点、重要事情的提示和主要工作的安排，以及个人读书学习或思考总结的感悟和体会。这些既是加强自我学习提升和拓展眼界思路的有效渠道，也是推动相关工作任务贯彻落实的智慧源泉和重要载体。要学会用记录。做记录的目的在于运用、在于推进工作、在于提升自己。记下来只是第一步，要时时翻看、反复揣摩、经常体悟，记得多了，看得多了，就能把别人讲的内容消化吸收、内化于心，进而转化为自己的东西，从而有所提高、有所长进。

### 恩威要并重

赏善为恩，罚恶为威，恩威并重就是要安抚和强制同时施行。从事领导工作，恩不施无以立威，威不施无以治事。恩威并重共同发力可以明规矩、提效能、树形象、正风气，产生强烈的感召力、凝聚力，形成团结紧张、严肃活泼的良好局面，有利于推动各项工作不断前进。

恩威并重要以赏罚分明为抓手。如果有功不赏、有过不罚，那么恩就无从施与，威也就无法树立起来，积极的人就会变得不思进取，落后的人也就甘于堕落，整个队伍就会失去凝聚力和战斗力。要用好激励机制，在评先评优、表彰奖励、职务晋升、职称评聘等方面让奋进者脱颖而出，使庸碌者“无摊可守”；要用好容错免责机制，划清可容的“边线”和坚决不容的“红线”，使勤勉者轻装上阵，让懒政者无处遁形；要用好监督问责武器，使守纪者畅行，给散漫者订立边界。赏罚分明的关键在于不偏私、不失信，赏要赏得众望所归，罚要罚得心悦诚服。

恩威并重要以严管厚爱为内核。坚持以人为本理念，把严管与厚爱、约束与激励结合起来，在思想上政治上工作上生活上关心关爱干部，给他们提供干事创业和成长进步的平台与机会。同时，又把纪律和规矩挺在前面，切实担负起教育、管理、监督的责任，抓早抓小、抓细抓常，防微杜渐，避免干部的小毛病演化为大问题，真正体现对干部的严格要求和关心爱护。

### 要放得开收得拢

个人的时间、精力有限，领导干部必须学会合理授权，“有所为有所不为”，才能充分调动各方面的工作积极性，更好地完成工作。真正有能力、有自信、懂得领导艺术的人，必然懂得运筹帷幄，既放得开又收得拢，放中有收、收中有放，做到收放自如。

“放”要愿放会放敢放。要以正确的态度对待和使用手中的权力，善于“放权”，适度放手，既不能任由“权力休眠”，也不能事无巨细大包大揽。要掌握授权的技巧，做到大权独揽、小权分散、授权有度，做到抓大放小，定了的工作就交给下面的人去办，不过多干涉，给下属更多的空间和自由，充分发挥其才干和潜能，达到“上下同心、其利断金”的效果。要敢于授权，既然放就要放心，就要对下属给予充分的信任，放手让下属去干，关注不干预、提醒不强制，真正授权到位，达到授权的目的。

“收”要善统善控善指导。授权不是“送权”，民主也绝不是谁说了都算，关键是要加强正确引导和有效控制，在充分发扬民主的基础上进行正确有效的集中。授权要有度，避免管理失控。在授权的过程中，要注重提供指示，加强指导，向受权者明确目标、细化任务，说明授权范围和限度、任务截止日期和验收标准，以及期望的成果，使其能在正确的方向下发挥创造性。此外，还要对受权者工作实行必要的监督和控制，发现问题要及时纠正；对严重偏离目标、力不胜任或滥用权力的，要及时调整更换。

## 从最坏处准备，向最好处努力

俗话说，“人无远虑，必有近忧”，“凡事预则立，不预则废”。不论干什么工作，一定要有计划、有准备、有忧患意识。从最坏处准备，向最好处努力，强调的是一种清醒的忧患意识和防范意识，也是一条作决策、谋发展的基本遵循和宝贵经验，是一种立足最低点、争取最大期望值的底线思维，是“有守”和“有为”的有机统一。

“明者防祸于未萌，智者图患于将来。”领导干部要善于运用底线思维，凡事从“最坏”的可能来设想、来预警、来准备，向“最好”的结果去努力、去争取，做到心中有数、做事有谱，做到“任凭风浪起，稳坐钓鱼船”。要强化风险意识。充分认识到强化风险意识是驾驭和化解风险的前提，常怀居安思危之心，增强忧患意识、危机意识和使命意识，深入分析世情、国情、民情，准确判断形势，从长远的、战略的角度出发，预先考虑和谋划发展过程中可能面临的紧急状况和困难形势，注重在实践中强化风险理念、积累应对风险的经验、增长妥善处置风险的本领。要提高防控能力。多看一步、先出一招，审时度势时留心于“青蘋之末”，把脉症状时多察觉“未病”，及时捕捉信号，分析性质、强度和范围，力争把风险消灭在萌芽状态。

### 坚持原则

原则是观察问题、处理问题依据的准则。对领导干部来说，原则就是法律、政策、规矩、标准，坚持原则就是讲规矩、按程序做事。

领导干部要率先垂范，带头坚持原则。“其身正，不令而行；其身不正，虽令不从。”领导干部履职尽责，必须带头坚持党性原则，时刻用党的纪律约束自己，增强“四个意识”，做政治上靠得住的干部；必须坚持公道正派原则，对己清正、对人公正，对内严格、对外平等，不以感情代替政策，不拿原则换取人情，自觉做到不违规、不违纪；必须坚持廉洁自律原则，始终保持身清气正的优秀品格，用党性约束和规范自己的行为，作全社会的表率。

要相互监督，共同坚持原则。正人先正己，正己的同时也要正人。领导干部不仅要管好自身，还要履行好“一岗双责”，切实担负起工作责任，从严管理干部，从严带队伍，面对纪律，不打折扣，该教育批评的就教育批评，该严肃处理的就严肃处理，形成是非分明、公私分明的良好风气。

# 优秀领导干部应具备的条件

党的领导干部是党和人民事业的骨干，岗位重要、责任重大，要保持自身的先进性，当好标杆、作好表率，就更应把“优秀”作为不懈的追求，使自己真正成为一名“信念坚定、为民服务、勤政务实、敢于担当、清正廉洁”的好干部。一名优秀领导干部至少应具备以下条件。

崇高的理想信念。理想信念是指引方向的航标灯、修身立业的压舱石。理想信念坚定的人，方能始终不渝、百折不挠，不论风吹雨打，不怕千难万险，坚定不移为实现既定目标而奋斗。唯有坚定崇高的理想信念，才能成长为一名优秀的领导干部。革命理想高于天。坚定理想信念，坚守共产党人精神追求，始终是共产党人的安身立命之本。一代又一代共产党人为了追求民族独立和人民解放，视死如归，不惜流血牺牲，靠的就是一种信仰，为的就是一个理想。理想之光不灭，信念之炬不熄。要想成为一名优秀的领导干部，一定要有坚如磐石的理想信念，赓续共产党人“石可破也，而不可夺坚”的精气神。心中有信仰，脚下才有力量。理想信念什么时候都不是抽象的、空洞的，而是具体的、实践的。一个优秀的领导干部，必须带头做共产主义远大理想和中国特色社会主义共同理想的坚定信仰者和忠实实践者。要坚守共产党人的精神高地，自觉用马克思主义科学理论武装头脑，不断坚定“四个自信”，筑牢信仰之基、补足精神之钙、把稳思想之舵，不断提高马克思主义思想觉悟和理论水平，保持对远大理想和奋斗目标的清醒认知和执着追求。要把理想信念融入具体工作，坚守全心全意为人民服务的根本宗旨，坚持吃苦在前、享受在后，坚持勤奋工作、廉洁奉公，增强实现理想的坚定信念和百折不挠的进取精神，为理想信念而奋不顾身去拼搏、去奋斗，献出自己的全部精力乃至生命。

高尚的道德品质。百行德为首，品洁人自高。立德是个人成长、家庭幸福、社会和谐、国家兴旺的基础。国无德不兴，人无德不立，官无德不为。优秀的领导干部，必须是一个道德品质高尚的人。为政以德，譬如北辰。德为才之帅，才为德之资。孔子强调“为政以德”，司马光提出“取士之道，当以德行为先”，对官员的道德品质要求自古就受到重视。只有做到以德修身、以德润才、以德服人，厚德载物，不断增强道德定力，才能变得更优秀。厚立从政之德，打牢从政之基。政德兴，则政权安；政德衰，则政权乱。政德是从政者的政治品质，是共产党人尤其是党的领导干部的立身之本、从政之源。为官先做人，做人要立德。好官必须是好人。要想成为一个优秀的领导干部，必须明大德，坚定信仰信念，加强党性锻炼，面对大是大非旗帜鲜明，面对风浪考验无所畏惧，面对各种诱惑立场坚定。必须守公德，牢记初心使命，践行为民宗旨，坚持立党为公、执政为民，时刻保持人民公仆本色。必须严私德，强化自律意识和自控能力，严格约束自己的操守和行为，“心不动于微利之诱，目不眩于五色之惑”，正心明道、防微杜渐，永葆清廉本色。

积极进取的人生态度。人生态度就是人们通过生活实践形成的对待人生问题时的一种稳定的心理倾向和基本意愿。态度决定命运。优秀的领导干部之所以总是充满正能量，总是能作出一番业绩，与他们积极进取的人生态度密不可分。境由心生，境随心变。态度的不同必然导致人格和作为的不同，因而也会谱写不同的人生。有积极进取的人生态度，就能为实现崇高的人生目标而拼搏，闯出一条闪光的人生之路。积极态度成就人生高度。积极进取的人生态度是战胜困难和成就事业的重要前提，它带来的是勇气、自信和智慧。能不能把领导工作做好，关键看态度。领导干部具备了积极进取的人生态度，无论是工作、学习还是生活，都能乐观对待、积极应对，获得坚守的从容、焕发创造的活力，不管经受多少挫折都能坚持下去，永远做一个坚定者、奋进者、搏击者。永不懈怠，一往无前。要有上进心，锐意进取、敢想敢干，比学赶超、争创一流，时刻保持昂扬向上的斗志，时刻保持永不停歇、永不止步的精神，去奋斗、去追求、去超越。要有事业心，把干事创业作为自己的天职，保持极端负责的态度，保持思想在状态、工作在状态，保持那么一股劲、那么一股革命热情，“躺着想事、坐着议事、站着干事”，永远“乐此不疲”。要有平常心，悦纳自我，不以物喜、不以己悲，宠辱不惊、岿然不动。

坚韧不拔的意志。意志，是一个人为实现预定目标坚持不懈、百折不挠的心理状态，是取得成功不可缺少的重要条件。领导干部要想做事、做成事，就必须“韧”字当头，具备坚韧如铁的坚强意志。唯坚韧者，始能遂其志。世界上没有任何事情是随随便便成功的，成功的背后往往是无尽的艰辛和苦难，就像跑马拉松一样，行百里者半九十，唯有意志坚强的人才能跑完全程，取得成绩。如果做事总是三分钟热度、朝令夕改，或者遇到困难就畏缩、遇到挫折就放弃，不可能做成事，更不可能取得成功。“中华民族伟大复兴，绝不是轻轻松松、敲锣打鼓就能实现的。”优秀的领导干部必须顶得住困难、经得住磨难、打得了持久仗，具备“咬定青山不放松”的坚强意志。“锲而不舍，金石可镂。”《荀子》言：“骐骥一跃，不能十步；驽马十驾，功在不舍。”要成为一名优秀的领导干部，就要始终做到坚守、坚韧、坚持。要“坚守”，坚守信仰信念，坚守初心使命，坚守党的事业，不为外界所扰，不为诱惑所困，守得住清贫、耐得住寂寞、经得住磨难，努力提升精神境界，不断厚植精神家园。要“坚韧”，坚持在实践中磨砺自己，在难事大事要事中考验自己，努力培养百折不挠、越挫越勇的品质，锤炼滴水穿石、铁杵成针的毅力，修炼每临大事从容不迫的冷静。要“坚持”，以永不懈怠的态度对待每一项工作，发扬钉钉子精神，沉下心来，心无旁骛扎实工作，久久为功、善作善成。

强烈的责任担当。领导干部是党的事业的骨干、人民的公仆，身负组织和人民寄予的厚望。干部不尽责，谁来尽责？干部不担当，谁来担当？优秀的领导干部要带领队伍涉险滩、破坚冰、攻堡垒、拔城池，必须具备强烈的责任担当。责重如山，有责必担。“肩扛千斤谓之责，背负万石谓之任。”衡量一个干部称职不称职、优秀不优秀，不光是看其能力，更要看他是否敢于担当、勇于负责。领导干部能否担当尽责，直接影响一个地方、一个单位的发展，事关经济社会发展大局，事关人民福祉。岗位就是责任，在其位、谋其政、履其职、担其责、成其事，是从政的本分。领导干部职务越高，要求也就越高，责任也就越大，就更需要勇担当、善担当。为官一任，造福一方。古代官员就有“一枝一叶总关情”“为官避事平生耻”的民本情怀。我们党来自人民，为人民而生、因人民而兴，必须始终与人民心心相印、与人民同甘共苦、与人民团结奋斗，这是一种责任，更是一种担当。当党的干部就是选择了吃苦和奉献，必须履职尽责、担当作为，为民造福、为党分忧。培养担当的情怀，心系人民、扛起责任，做到守土有责、守土负责、守土尽责。增强担当的勇气，豁得出来、顶得上去，敢于直面艰难困苦，敢于投身大风大浪中，敢于应对风险挑战，敢于拎着乌纱帽为民干事。提升担当的能力，有能力才能担当。需要练就能担当的“十八般武艺”，掌握担当的方法，坚持科学的思想方法和工作方法，全面提高领导能力和执政水平，不断把党和人民的事业推向前进。

## 优秀领导干部的特质

特质是指人所具有的特有的内在素质，通常表现为人在不同情境下的心理和行为等的恒常性。不同的人有不同的特质。领导干部由于承担着带领一个地方、一个单位或一个部门推动事业发展的重任，必须具备与领导岗位和领导能力相匹配的内在特质。

使命在身，永不懈怠。使命是一种责任、一种担当，也是一种愿景。使命感是指一种锲而不舍、坚韧不拔、不达目的不罢休的精神。有使命感的人，不仅志存高远、目标远大，而且积极进取、踏实肯干。一名优秀的领导干部一定是一个对工作葆有强烈使命感的人，总能满怀激情地对待工作，而且始终保持永不懈怠的状态。牢记使命，激人奋进。有了强烈的使命感，就会点燃工作激情的火种，把工作当事业、当责任、当乐趣；就会以一丝不苟的工作态度对待每一项工作，竭力做好每一件事；就会任劳任怨，不厌其烦、不畏其难，始终勇于直面一切挑战，同一切困难斗争到底；就会具备一股“咬定青山不放松，立根原在破岩中”的韧劲，百折千回而意志越坚，千磨万击而斗志越旺。一名优秀领导干部必定是一个有强烈使命感的人。勇担使命，砥砺前行。

使命神圣、使命重大，但实现使命并非易事。“惟其艰难，方显勇毅；惟其磨砺，始得玉成。”一名优秀领导干部要时刻把使命担在肩上，把责任放在心上，始终牢记使命，保持清晰的使命意识，经常掂量自己肩负使命之重大，无论做什么事都怀着高度认真负责的态度。始终担当使命，始终保持好学上进、积极进取、奋发有为的状态，发扬求真务实、真抓实干的作风，以钉钉子精神担当尽责。始终不辱使命，发扬坚持不懈的精神，一件事情接着一件事情办，一年接着一年干，接续奋斗、永远奋斗，脚踏实地把既定的行动纲领、战略目标、工作蓝图变为现实。

既有理想，又接地气。有理想，通常是指有追求、有希望、有向往；接地气，一般是指符合实际、贴近基层、脚踏实地。有理想和接地气犹如车之两轮、鸟之双翼，是优秀领导干部不可或缺的特质。理想高于现实，却源于现实。理想是抽象的、高远的，但又是具体的、实在的，它体现在每个人点点滴滴的日常生活中、脚踏实地的工作实际中。一个人忘记远大理想而只顾眼前，就会失去前进的动力和方向；离开现实工作而空谈远大理想，就会陷入海市蜃楼般虚无缥缈的幻景中。现实是理想的基础，脱离现实而谈理想，只能算是空想。一名优秀的领导干部，一定是胸怀远大理想，会为实现理想而脚踏实地努力奋斗的人。凡事以理想为因，实行为果。苏格拉底曾说：“世界上最快乐的事，莫过于为理想而奋斗。”领导干部要想创造卓越成绩，就要把有理想和接地气紧密结合起来，做到既“顶天”又“立地”，既“仰望星空”又“脚踏实地”，坚持“实干成就梦想”。要坚持实干，不驰于空想，静下心来、俯下身来，从点滴小事做起，一步一个脚印，用实干之力开创卓越未来。要注重实践，深入实际，多接地气，在实践中历练成长，不断提高实现理想的能力。要务求实效，坚持效果导向，把实现理想作为工作的内在动力，不哗众取宠、不标新立异，把美好愿景的实现寓于踏踏实实的工作中。

不断完善自己。任何事物均有其不完美之处，每个人都有其不足的地方。人生就是一个不断完善自我的过程。优秀领导干部要永不停息地追求完美，不断对自己提出更高的要求。金无足赤，人无完人。世界上没有十全十美的人，即使是一个优秀的领导干部，也有不足之处。随着新知识、新技术、新技能日新月异，新矛盾、新问题、新情况层出不穷，对每一个人的思维、能力、素质都提出了新的要求。领导干部的能力、素质不是与生俱来的，更不会随领导干部的地位和权力的提升而提升。进入新时代，对领导干部的政治素质、思想素质、道德素质、能力素质、身心素质等方面都提出了更高要求。只有持之以恒自我完善，及时弥补自身不足，不断提高自己的综合素质，才能紧跟时代脚步，胜任领导工作。自强不息，止于至善。千锤百炼始成钢，唯有永无止境地完善自我，才能成为一名优秀的领导干部。要始终把好世界观、人生观、价值观这个“总开关”，坚持一刻不停地改造主观世界，树立崇高的理想信念，培塑高尚的道德情操。要始终有自知之明，保持清醒的自我认知，经常察己、反思，知道自己之长、自己之短，知道自己长中之短、短中之长，做到克己所短、扬己所长。要始终勇于自我革命，敢于坚持真理、修正错误，敢于直面问题、刀刃向内，勤于发现问题、剖析问题、解决问题。

善于思考，注重研究。思考和研究是人们发挥主观能动性认识分析解决问题的重要环节，是把各项事业推向前进的必修课。优秀领导干部都善于发现问题、分析问题、解决问题，科学准确地认识把握事物的本质、特点、规律，追根究底把问题想深、想细、想透，找到解决问题的思路、对策、办法。“学而不思则罔，思而不学则殆。”“学”能导“思”，“思”能促“学”，“学”是“思”的基础，“思”是“学”的进步，“学”与“思”相互依存、相互促进。好学深思才能保持思想敏锐、见微知著、洞察秋毫，才能抓住本质、把握规律、找准方向、增强预见，才能做到思路清晰、胸中有谱、心里有底，在复杂环境中保持定力，创造性地开展工作。优秀的领导干部，做任何事情一定是比别人先“思”一步，深“研”一层，把思考和研究作为工作、生活、学习的重要方法。行成于思毁于随，精研致思方成事。优秀领导干部应当时时处处事事以研究的心态去对待问题，以研究的目光去审视问题，多调查研究、琢磨推敲，慎思审问、善思明辨、反思笃行。对每项工作的渊源由来、发展方向、问题症结等都要思考深、研究透，做到在思考和研究中把握本质规律，在思考和研究中借鉴经验教训，在思考和研究中提出办法措施，使思想和行动紧贴客观实际，不断提升工作质量。

与时俱进。一切事物都是运动、变化、发展的。自然界的进化、人类社会的变迁，乃至人的思维的变化，都是一个不断推陈出新、破旧立新的发展过程。优秀领导干部一定要具备善于把握事物发展规律、实事求是、解放思想、积极求变的特质。世界唯一不变的是变化。世界无时不在发生变化，每个人每时每刻都在经历着变化。随着时间、空间、条件、情境、对象、目标、任务、要求等的变化，领导干部的工作思维、理念、方式、方法等都要发生变化。一名优秀领导干部，一定具有求新求变、随机应变，紧跟时代脉搏、准确判断未来的内在特质。凡益之道，与时偕行。

做任何工作只有顺应时势、因势而变，善于系统地、全面地、联系地、辩证地观察事物，从而准确认识和把握客观规律，深刻洞察情势变化，才能找准解决问题、推动发展的正确方向和科学方法。优秀领导干部一定要学习马克思主义哲学，学会用辩证唯物主义和历史唯物主义的立场观点方法去观察问题、分析问题、解决问题，不断提高领导工作的时代性、规律性、预见性和前瞻性。要坚持学习，切实加快知识更新、优化知识结构、活跃思维、开阔眼界、拓宽视野，使自己的理念思维紧跟时代步伐。要坚持一切从实际出发，坚持理论联系实际，注重调查研究，解放思想、勇于创新，自觉去除与新时代不适应、不符合的思想、理念、思路、方法，努力提高发现新现象、研究新情况、解决新问题的能力水平。

# 后记

为政，简单地说就是从政为官。世界上任何事情均有其基本规律可循，为政也一样。为政之道，说到底就是探讨领导干部如何运用科学的世界观和方法论开展工作的相关问题。

这本书是笔者近年来对这一主题的一些思考和实践总结。全书分为 4 部分、共 25 篇文章。见仁见智，如果读者能从中获得一些启发，笔者便感欣慰。书中难免还存在不妥、不足之处，恳请批评指正。

最后，非常感谢国家行政学院出版社的支持和帮助！

晓山

于 2023 年 7 月